Ursula Männer

Buchhaltung im Handwerksbetrieb

unter Einsatz branchenüblicher
Software umsetzen

D1696995

Ursula Männer

Buchhaltung
im Handwerksbetrieb

unter Einsatz branchenüblicher
Software umsetzen

für die praxisnahe Vorbereitung auf den „Geprüften Fachmann/
Geprüfte Fachfrau für kaufmännische Betriebsführung nach der
Handwerksordnung"

mit Übungs- und Wiederholungsfragen

1. Auflage 2016

Holzmann Medien | Buchverlag

Das vorliegende Werk enthält in der Regel Berufsbezeichnungen, Gruppenbezeichnungen usw. nur in der männlichen Form. Wir bitten diese sinngemäß als Doppelbezeichnungen, wie zum Beispiel Frau/Mann, Handwerkerin/Handwerker, Meisterin/Meister, Betriebsinhaberin/Betriebsinhaber usw. zu interpretieren und anzuwenden.

Sämtliche Angaben in diesem Buch und auf den abgebildeten Screenshots, wie z. B. persönliche Daten, Kunden- und Lieferantendaten, Rechnungen, Bankverbindungen o. Ä. sind frei erfunden. Eventuelle Übereinstimmungen oder Ähnlichkeiten sind unbeabsichtigt und rein zufällig.

Screenshots aus dem Programm „lexware buchhalter pro" mit freundlicher Abdruckgenehmigung durch Haufe-Lexware GmbH & Co. KG, Freiburg.

Impressum
1. Auflage 2016

Artikel-Nr. 1766.01 | ISBN: 978-3-7783-1031-1
© 2016 by Holzmann Medien GmbH & Co. KG, 86825 Bad Wörishofen

Lektorat: Achim Sacher, Holzmann Medien | Buchverlag
Umschlaggestaltung: Markus Kratofil, Holzmann Medien | Buchverlag
Bildquellen Umschlag: © contrastwerkstatt - Fotolia.com
© everythingpossible - Fotolia.com
Satz: Markus Kratofil, Holzmann Medien | Buchverlag
Druck: Druckerei & Verlag Steinmeier | Deiningen

Vorwort

Am 1. Dezember 2014 ist die Verordnung über die Prüfung zum anerkannten Fortbildungsabschluss „Geprüfte/r Fachmann/-frau für kaufmännische Betriebsführung nach der Handwerksordnung" in Kraft getreten. In dieser Verordnung werden als Inhalte dieser Fortbildungsprüfung die drei Handlungsbereiche „Wettbewerbsfähigkeit von Unternehmen beurteilen", „Gründungs- und Übernahmeaktivitäten vorbereiten, durchführen und bewerten" sowie „Unternehmensführungsstrategien entwickeln" genannt.

Neben diesen drei Handlungsbereichen, welche die Inhalte zum Teil III der Meisterprüfung im Handwerk und in handwerksähnlichen Gewerben darstellen, wird der Abschluss „Geprüfte/r Fachmann/-frau für kaufmännische Betriebsführung nach der Handwerksordnung" um vier weitere Wahlpflichthandlungsbereiche ergänzt:

- Informations- und Kommunikationstechnologien nutzen,

- Kommunikations- und Präsentationstechniken im Geschäftsverkehr einsetzen,

- Buchhaltung im Handwerksbetrieb unter Einsatz branchenüblicher Software umsetzen und

- Projektmanagement im Handwerksbetrieb umsetzen.

Die drei Handlungsbereiche und einer der vier Wahlpflichthandlungsbereiche sind Prüfungsbestandteile. Bereits bei der Anmeldung zur Prüfung hat der Prüfling den gewählten Wahlpflichthandlungsbereich mitzuteilen.

Dieses Buch beschäftigt sich mit den Inhalten des Wahlpflichthandlungsbereichs

„Buchhaltung im Handwerksbetrieb unter Einsatz branchenüblicher Software umsetzen".

Dabei werden im ersten Kapitel zunächst die Grundlagen der Buchführung gelegt, ehe im zweiten Kapitel das notwendige Fachwissen zur Belegerstellung, -prüfung und -kontierung vermittelt wird. Das anschließende Kapitel widmet sich dem Anlegen, Führen und Prüfen des Kassenbuchs. Die Lohnabrechnung und die dazu vorbereitenden Tätigkeiten sind Inhalte des vierten Kapitels. Im abschließenden Kapitel 5 wird das erforderliche Fachwissen zur Mitwirkung bei der Vorbereitung des Jahresabschlusses vermittelt. Als branchenübliche Software kommt in allen Kapiteln durchgängig Lexware zum Einsatz.

Am Ende der jeweiligen Kapitel erfolgen Wiederholungsfragen, die sowohl im Unterricht als auch im Selbststudium eingesetzt werden können. Durch diese Wiederholungsfragen wird eine lernprozessbegleitende Kontrolle genauso ermöglicht wie eine rationelle Vorbereitung auf die Prüfung.

Wir wünschen Ihnen bei der Vorbereitung und Ablegung Ihrer Prüfungen viel Erfolg.

März 2016

Die Autorin und
Holzmann Medien | Buchverlag

Wahlpflichthandlungsbereich: Buchhaltung im Handwerksbetrieb unter Einsatz branchenüblicher Software umsetzen

Wahlpflichthandlungsbereich: Buchhaltung im Handwerksbetrieb unter Einsatz branchenüblicher Software umsetzen

1. Grundlagen

1.1 Einführung

Bedeutung der Buchführung im Handwerksbetrieb

Jeder Handwerksbetrieb setzt sich zum Ziel, seinen Kunden eine handwerksmeisterliche Leistung zu liefern. Der Handwerksbetrieb von heute muss aber nicht nur fachlich, sondern auch kaufmännisch optimal funktionieren. Da die Buchführung im Handwerksbetrieb einen wesentlichen Teil des Unternehmens ausmacht, sprechen viele Gründe dafür, die Buchführung im Unternehmen selbst durchzuführen. Der Handwerksunternehmer behält die Kontrolle. Das gesamte Unternehmen wird EDV-gestützt abgebildet und verschafft jederzeit einen Überblick über die Finanzkennzahlen. Eine professionelle Finanzsoftware optimiert dabei die Finanzbuchhaltung und ist steuerlich immer auf dem neuesten Stand.

Bedeutung der Buchführung

Vorteile für den Unternehmer

> Der Unternehmer hat jederzeit Überblick über seine Finanzen.
> Die Buchungen und Zahlungen werden schnell und einfach ausgeführt und sorgen somit für eine effiziente Abwicklung des gesamten Zahlungsverkehrs.
> Ob Einnahmen-Überschuss-Rechnung oder doppelte Buchführung – mit einem optimalen Buchungssystem ist der Jahresabschluss kein Problem mehr.
> Liquiditätsverluste werden durch ein automatisiertes und intelligentes Mahnwesen vermieden.
> Die Buchungsbelege sind immer im Haus und nicht beim Steuerberater.

Welche Buchhaltungssoftware wird eingesetzt?

Entscheidend ist die Wahl der Software und welche Bereiche mit der Finanzbuchhaltungssoftware abgedeckt werden sollten. Im vorliegenden Buch wird an den entsprechenden Stellen darauf eingegangen. Als „branchenübliche Software" wird in den folgenden Kapiteln die Software „Lexware financial office pro" herangezogen.

Buchhaltungssoftware

Rechtsgrundlagen

Die Rechtsgrundlagen für den Handwerksbetrieb sind vor allem im Handelsgesetzbuch (HGB) und in der Abgabenordnung (AO) ersichtlich. Für die GmbH gilt außerdem noch das GmbH-Gesetz.

Rechtsgrundlagen

Auch für größere Unternehmen gilt das HGB, wenn sie international tätig sind. Die Buchführungsvorschriften im HGB finden ihre Gültigkeit aber nur in Deutschland, was wiederum zu Problemen führte, wenn Firmen international tätig sind, weil die Jahresabschlüsse dieser Firmen nicht mit den Jahresabschlüssen von ausländischen Unternehmen vergleichbar waren.

Aus diesen Problemen heraus suchte man in den letzten Jahren nach Standards für die internationale Rechnungslegung (International Financial Reporting Standards bzw. International Accounting Standards) und hat Regeln zum HGB dafür aufgestellt.

BilMoG

Das neue Bilanzrechtsmodernisierungsgesetz (BilMoG) aus dem Jahr 2009 stellt die größte Bilanz-Reform/HGB-Reform der letzten 25 Jahre dar. Ziel des Gesetzes ist es, das HGB-Bilanzrecht für den Wettbewerb mit den internationalen Rechnungslegungsstandards zu stärken, aber auch kleineren Betrieben den Druck zu nehmen, internationale Rechnungslegungsstandards anzuwenden.

Das neue BilMoG verfolgt das Ziel, dass das HGB-Bilanzrecht eine vollwertige, aber eigenständige Alternative zu den international herrschenden Rechnungslegungsstandards ist. Die Grundsätze ordnungsmäßiger Buchführung und die HGB-Bilanz als Grundlage der Ausschüttungsbemessung sollen dabei erhalten und gleichsam die Informationsfunktion der bisherigen Angaben ausgeweitet werden, ohne jedoch dabei zusätzliche Kosten für die Unternehmen zu verursachen. Die Kostensenkung bringt vor allem für kleine und mittelständische Handwerksbetriebe eine Erleichterung.

Größenschwellen

Anpassung der Größenschwellen

Für Handwerksbetriebe, die ihre Unternehmensform als Kapitalgesellschaften führen, z. B. eine GmbH oder eine kleine AG, wurden die Größenschwellen angepasst. Die Zuordnung als kleine, mittlere oder große Kapitalgesellschaft ist für die Inanspruchnahme von Aufstellungs- und Offenlegungserleichterungen entscheidend. Nach § 267 HGB gelten die folgenden Merkmale:

Merkmale	kleine Kapital-gesellschaften	mittlere Kapital-gesellschaften	große Kapital-gesellschaften
Bilanzsumme	bis 4,84 Mio. €	liegen in ihren Größenordnungen zwischen den kleinen und den großen Kapitalgesellschaften	über 19,25 Mio. €
Jahresumsatz	bis 9,68 Mio. €		über 38,5 Mio. €
Arbeitnehmeranzahl im Durchschnitt	bis 50 Arbeitnehmer		über 250 Arbeitnehmer

Zwei der genannten Kriterien müssen erfüllt sein.

Wegfall der umgekehrten Maßgeblichkeit

Ein weiteres Merkmal des BilMoG ist der Wegfall des Maßgeblichkeitsprinzips. Bisher war es nur möglich, steuerliche Vorteile in Anspruch zu nehmen, wenn diese in der Handelsbilanz dargestellt wurden. Das hatte in kleineren Unternehmen häufig die nachteilhafte Folge, dass Handelsbilanz und Steuerbilanz identisch waren. Mit der neuen Regelung können Handels- und Steuerbilanz auseinanderfallen.

Wahlmöglichkeiten nach BilMoG

Jeder Unternehmer kann nun selbst entscheiden, ob er nach den Bilanz- und Bewertungsvorschriften des HGB verfährt oder in Teilen auf die internationale Rechnungslegung zugreift.

1.2 Anlegen einer Firma in Lexware

Firmenanlage in Lexware

Wie bereits erwähnt, wird für die Vermittlung der Inhalte aus den nachfolgenden Kapiteln das Programm „Lexware financial office pro" als branchenübliche Software verwendet, da Lexware in der Praxis in vielen Handwerksbetrieben zum Einsatz kommt. Zum Anlegen einer Firma in Lexware gehen Sie wie folgt vor:
Wählen Sie im Menüpunkt „Datei" den Punkt „Neu/Firma" aus und bestätigen Sie die Firmenneuanlage mit einem Klick auf die Schaltfläche „OK".

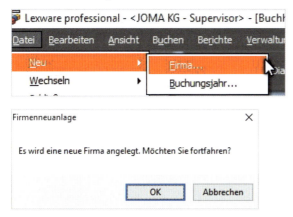

Firmenneuanlage in Lexware

Lexware führt Sie anschließend mit dem Firmenassistenten durch die Neuanlage. Dazu wird die Eingabe der nachfolgenden Angaben erforderlich.

Allgemeine
Firmenanlage

1.2.1 Eingabe „Allgemein"

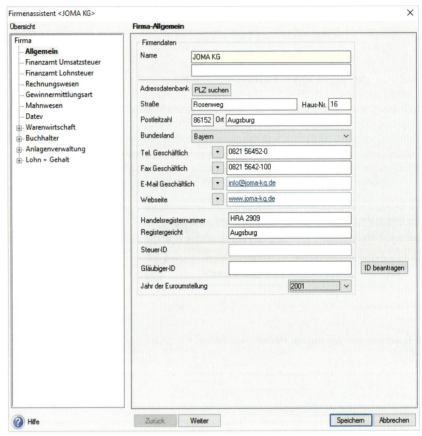

Firmenneuanlage „Allgemein"

Die Angabe des Bundeslandes wird für die richtige Gruppierung der Steuernummer benötigt. Handelsregisternummer und Registergericht sind für Kapitalgesellschaften wichtig, da diese aufgrund der Rechtsform ins Handelsregister eingetragen werden. Auch ein Handwerker, der als eingetragener Kaufmann im Handelsregister steht, muss hier die Angaben ausfüllen. Handelsregisternummer und Registergericht sind auch Angaben, die auf den Rechnungen angeben werden müssen.

Kaufmanns-
eigenschaft

> **Kaufmannseigenschaft**

Kaufmanns-eigenschaft	Kannkaufmann	freiwillige Eintragung ins Handelsregister
	Istkaufmann	Kaufmann aufgrund seines unternehmerischen Umfangs, z. B. eingerichtetes Rechnungswesen, angemessene Mitarbeiterzahl, Lagerhaltung u. a.
	Formkaufmann	Kaufmann aufgrund der Rechtsform

> **Steuer-ID:**
Die Steueridentifikationsnummer (kurz: Steuer-ID) wird u. a. für private Steuer-erklärungen benötigt. Detaillierte Informationen zur Steuer-ID finden Sie unter www.bundesfinanzministerium.de unter dem Stichwort Steueridentifikations-nummer.
Wichtig: Die „Steuer-ID" ist nicht identisch mit der „Steuernummer" oder der „EG USt. ID". Diese Eingaben erfolgen in den Unterpunkten „Finanzamt".

> **Gläubiger-ID:**
Ohne Gläubiger-ID ist eine Teilnahme am SEPA-Lastschriftverfahren nicht mög-lich. Wenn Sie noch keine Gläubiger-ID besitzen, können Sie diese hier direkt auf der Seite bei der Deutschen Bundesbank beantragen. Sie ist kostenlos und kann nur online beantragt werden. Im Normalfall erhalten Sie die Gläubiger-ID inner-halb eines Tages von der Deutschen Bundesbank als E-Mail im PDF-Format.

1.2.2 Eingabe „Finanzamt Umsatzsteuer"

Angaben Finanzamt

(Margin note: Steuer-ID / Gläubiger-ID)

Firmenanlage „Umsatzsteuer"

Umsatzsteuer-
pflicht

> **Umsatzsteuerpflicht**
Umsatzsteuerpflichtig sind in erster Linie Unternehmer. Eine Ausnahme davon gilt für sogenannte „Kleinunternehmer", die ihre Umsätze nicht versteuern müssen. Voraussetzung hierfür ist allerdings, dass der Umsatz im Vorjahr die Grenze von 17.500,- € nicht überschritten hat. Im laufenden Jahr darf der Umsatz voraussichtlich nicht mehr als 50.000,- € betragen. Auf Wunsch kann jedoch auch ein Kleinunternehmer zur Umsatzsteuer optieren.

Angaben zur
Lohnsteuer

1.2.3 Eingabe „Lohnsteuer"

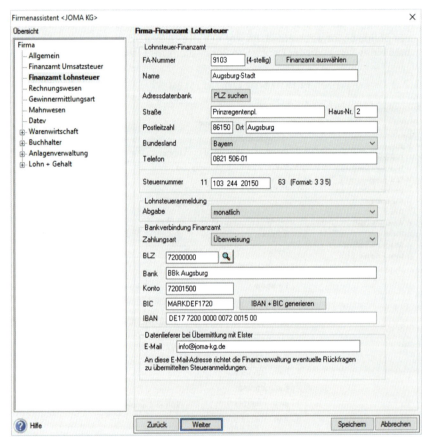

Firmenanlage „Lohnsteuer"

Von dem Lohnzahlungszeitraum einbehaltene Lohn- und Kirchensteuer und der Solidaritätszuschlag müssen regelmäßig an das Betriebsstättenfinanzamt gemeldet und abgeführt werden.

> **Betriebsstättenfinanzamt und Bankverbindung**
Die Angaben zum Finanzamt werden für die automatische Einstellung der Lohnsteueranmeldung benötigt. Außerdem wird das Betriebsstättenfinanzamt auf der Lohnsteuerbescheinigung des Arbeitnehmers angegeben.

Die Angaben zum Betriebsstättenfinanzamt und die Steuernummer sowie die Bankverbindung des Finanzamts werden aus der Registerkarte „Umsatzsteuer" übernommen, können aber ggfs. angepasst werden.

> **Abgabezeitraum**
  Abführungszeitpunkt ist
  – spätestens der zehnte Tag nach Ablauf eines jeden Kalendermonats, wenn die abzuführende Lohnsteuer für das vorangegangene Kalenderjahr mehr als 4.000,- € betragen hat,
  – spätestens der zehnte Tag nach Ablauf eines jeden Kalendervierteljahres, wenn die abzuführende Lohnsteuer für das vorangegangene Kalenderjahr mehr als 1.080,- €, aber nicht mehr als 4.000,- € betragen hat,
  – spätestens der zehnte Tag nach Ablauf eines jeden Kalenderjahres, wenn die abzuführende Lohnsteuer für das vorangegangene Kalenderjahr nicht mehr als 1.080,- € betragen hat. Hat Ihr Betrieb nicht während des ganzen vorangegangenen Kalenderjahres bestanden, so ist die für das vorangegangene Kalenderjahr abzuführende Lohnsteuer für die Feststellung des Lohnsteuer-Anmeldungszeitraums auf einen Jahresbetrag umzurechnen.

Hat Ihr Betrieb im vorangegangenen Kalenderjahr noch nicht bestanden, so ist die auf einen Jahresbetrag umgerechnete, für den ersten vollen Kalendermonat nach der Eröffnung des Betriebs abzuführende Lohnsteuer maßgebend.

> **E-Mail-Adresse**
  Die Lohnsteueranmeldung erfolgt elektronisch. Für eventuelle Rückfragen vom Finanzamt muss unbedingt eine gültige E-Mail-Adresse angegeben werden.

Geben Sie die Daten wie angezeigt ein.

Angaben zum
Rechnungswesen

1.2.4 Eingabe „Rechnungswesen"

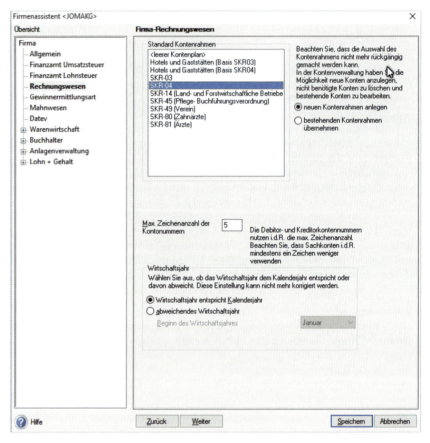

Firmenanlage „Rechnungswesen"

Kontenrahmen

> **Kontenrahmen**
> Auf dieser Seite wählen Sie den Kontenplan aus, mit dem Sie anschließend arbeiten möchten. Klicken Sie auf den Standardkontenrahmen SKR-04 und aktivieren Sie die Option „Neuen Kontenrahmen anlegen". Der ausgewählte Kontenrahmen kann nachträglich bearbeitet und erweitert werden. Das Löschen von Konten ist allerdings nur dann möglich, wenn auf diesen Konten noch keine Buchung vorgenommen wurde.
> **Wichtig: Der für eine Firma gewählte Kontenrahmen ist zu einem späteren Zeitpunkt nicht mehr änderbar!**

> **Max. Zeichenanzahl der Kontonummern**
> Sachkonten sind in der Regel im SKR-04 vierstellig, Debitorennummern (Kunden) und Kreditorennummern (Lieferanten) fünfstellig.

> **Wirtschaftsjahr**
Weicht Ihr Wirtschaftsjahr (abweichendes Wirtschaftsjahr) vom Kalenderjahr ab, können Sie hier den ersten Monat Ihres Wirtschaftsjahres eingeben. Das ist jedoch nur notwendig, falls Ihr Wirtschaftsjahr immer abweicht, wenn Ihr Geschäftsjahr zum Beispiel am 01.05.2015 beginnt und am 30.04.2016 endet. Wenn Sie Ihren Betrieb neu gründen, zum Beispiel im Juni, dann wählen Sie nicht die Option des abweichenden Wirtschaftsjahres. Das erste Geschäftsjahr ist dann ein Rumpfwirtschaftsjahr.
Wichtig: Die ausgewählte Art des Wirtschaftsjahres kann zu einem späteren Zeitpunkt nicht mehr geändert werden!

Wirtschaftsjahr

1.2.5 Eingabe „Gewinnermittlungsart"

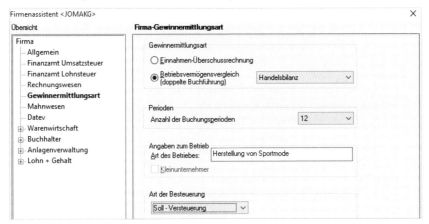

Firmenanlage „Gewinnermittlungsart"

> **Einnahmen-Überschuss-Rechnung (EÜR)**
Gewerbetreibende (Handwerksbetriebe, die Einzelkaufleute sind), die ein kleineres Unternehmen führen und nicht im Handelsregister eingetragen sind (Kaufmannseigenschaft, siehe oben), sind nach BilMoG von der doppelten Buchführungspflicht befreit. Diese Betriebe wenden die Einnahmen-Überschuss-Rechnung an, wenn für Wirtschaftsjahre ab 2016

Einnahmen-Überschuss-Rechnung (EÜR)

— ihr Jahresumsatz 600.000,- € **oder**
— ihr Jahresgewinn 60.000,- €

nicht übersteigt (§ 141 Abgabenordnung).

Überschreiten einer Grenze
Wenn eine dieser Grenzen überschritten wird, greift wieder die Buchhaltungspflicht. Bei Überschreiten einer der beiden Grenzen wird dem Unternehmer automatisch vom zuständigen Finanzamt mitgeteilt, dass zur doppelten Buchführung übergegangen werden muss. Die Verpflichtung zur Buchführung beginnt dann erst zu Beginn des auf die Mitteilung folgenden Wirtschaftsjahres.

Betriebsvermö-
gensvergleich

> **Betriebsvermögensvergleich**

  – **Was ist eine Bilanz?**

Bei der Bilanzierung, dem sogenannten Betriebsvermögensvergleich, werden alle Geschäftsvorgänge genau dokumentiert und erfasst. Das Jahresergebnis wird unter Beachtung der Grundsätze ordnungsmäßiger Buchführung (GoB) periodengenau ermittelt. Somit wird das Jahresergebnis von den Faktoren beeinflusst, die wirtschaftlich auch dazugehören, unabhängig vom tatsächlichen Geldfluss.

Beispielsweise wirken sich Forderungen an Kunden bereits als Ertrag aus, auch wenn sie noch nicht bezahlt sind.

Die Bilanz steht im Mittelpunkt der handelsrechtlichen und steuerlichen Gewinnermittlung durch Betriebsvermögensvergleich, sie ist unerlässlicher Bestandteil des Jahresabschlusses.

Der Jahresabschluss schließt die Buchführung des Geschäftsjahres ab, er besteht in der Regel aus der Bilanz als kurzgefasste Gegenüberstellung von Vermögen (Aktiva) und Schulden (Passiva) sowie der Gewinn- und Verlustrechnung.

Die Gewinn- und Verlustrechnung, kurz GuV genannt, stellt die Erträge und Aufwendungen eines Unternehmens dar. Als Ergebnis wird der wirtschaftliche Erfolg der unternehmerischen Tätigkeit ermittelt.

  – **Vorteile und Nachteile der Bilanz gegenüber der EÜR**

    Vorteile
- Eine klare zeitliche Zuordnung von Einnahmen und Ausgaben ist gegeben.
- Keine Bindung der Gewinnermittlung an das Kalenderjahr. Ein abweichendes Wirtschaftsjahr, z. B. vom 01.05.2016 bis 30.04.2017 ist möglich.

    Nachteile
- Aufstellung von Inventur und Eröffnungsbilanz.
- Erstellung eines Jahresabschlusses mit Gewinn- und Verlustrechnung.
- Höherer Zeit- und Arbeitsaufwand.
- Höhere Kosten für den Jahresabschluss

Grundsätze
ordnungs-
mäßiger
Buchführung

Die Bedeutung der Grundsätze ordnungsmäßiger Buchführung (GoB)

Bei der Bilanzierung sind – soweit sich aus dem Steuerrecht nichts anderes ergibt – die Grundsätze ordnungsmäßiger Buchführung (GoB) des Handelsrechts zu beachten. Dies bedeutet, dass

> sich ein sachverständiger Dritter (z. B. Steuerprüfer des Finanzamts) innerhalb angemessener Zeit anhand der Buchführungsunterlagen und Aufzeichnungen ein Bild von den Geschäftsvorfällen und der Lage des Unternehmens machen kann.

> alle Geschäftsvorfälle vollständig sind, richtig und geordnet erfasst werden, damit sie in ihrer Entstehung und Abwicklung nachvollziehbar sind.

> der Gewinnermittlungszeitraum grundsätzlich das Kalenderjahr ist. Unter bestimmten Voraussetzungen kann das Wirtschaftsjahr aber auch davon abweichen.

Gesetzliche Grundlagen der Buchführung

Gesetzliche Grundlagen

Gesetze	Die gesetzlichen Grundlagen der Buchführung
	> Handelsrechtliche Gesetze im Handelsgesetzbuch §§ 1 – 6, 238 – 339. > Das Handelsgesetzbuch verpflichtet – jeden Kaufmann i. S. d. §§ 1 – 6, – jedes Unternehmen, das im Handelsregister eingetragen ist zur Buchführung. > Für die GmbH gelten die §§ 41 – 42 GmbH-Gesetz.
§ 238 HGB	Jeder Kaufmann ist verpflichtet, Bücher zu führen, aus denen seine Handelsgeschäfte und die Lage seines Vermögens ersichtlich sind.
§ 141 AO	Einzelunternehmen, sog. Nichtkaufleute bis zu einem Umsatz von 600.000,- € oder bis zu einem Gewinn von 60.000,- € müssen eine Einnahmen-Überschuss-Rechnung (EÜR) führen.

Aktivieren Sie bei Ihrer Eingabe „Betriebsvermögensvergleich" (doppelte Buchführung = Handelsbilanz)

Angaben zur Gewinnermittlungsart

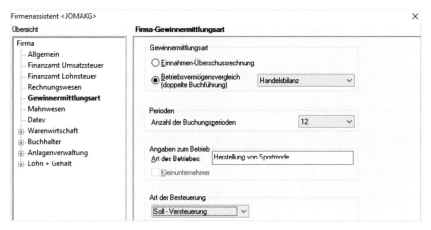

Firmenanlage „Gewinnermittlungsart: Betriebsvermögensvergleich"

Wichtig: Die ausgewählte Gewinnermittlungsart kann zu einem späteren Zeitpunkt nicht mehr geändert werden!

> **Handelsbilanz**

Handelsbilanz

Die Handelsbilanz folgt handelsrechtlichen Vorschriften und die Steuerbilanz steuerrechtlichen Vorschriften. Mit der Einführung des BilMoG scheren die Handelsbilanz und die Steuerbilanz noch weiter auseinander. Beispielsweise ist es handelsrechtlich nicht mehr zulässig, Sonderposten mit Rücklageanteil auszuweisen. Darüber hinaus müssen verschiedene immaterielle Vermögensgegenstände, die selbst geschaffen wurden, handelsrechtlich aktiviert werden; steuerrechtlich hingegen besteht das Aktivierungsverbot weiter.

Steuerbilanz

> **Steuerbilanz**

Die Steuerbilanz ist die Grundlage für die Ermittlung der Bemessungsgrundlagen von Einkommensteuer bzw. Körperschaftssteuer und der Gewerbesteuer nach dem Gewerbeertrag.

> **Periodenzahl**

Wählen Sie aus dem Auswahllistenfeld die Periodeneingrenzungen aus, die Sie für die Erfassung der Buchungsdaten festlegen möchten. Zur Auswahl stehen Ihnen 14 Buchungsperioden. In der Regel entsprechen die Perioden 1 bis 12 den Kalendermonaten und die Perioden 13 und 14 sind für vorbereitende Abschlussbuchungen vorgesehen.

Wichtig: Die Anzahl der gewählten Perioden kann nicht mehr reduziert werden!

> **Art der Besteuerung**

Soll-Versteuerung

– **Soll-Versteuerung**

Bei der Soll-Versteuerung (Besteuerung nach dem vereinbarten Entgelt) entsteht die Umsatzsteuer mit Ablauf des Voranmeldezeitraums, in dem die Leistung ausgeführt worden ist. Der Zeitpunkt, in dem die Leistung erbracht wurde, ist somit ausschlaggebend dafür, in welchem Voranmeldezeitraum der Umsatz zu berücksichtigen ist. Auch für Teilleistung gilt die Soll-Versteuerung, wenn für die Teilleistung ein gesondertes Entgelt vereinbart worden ist. Zudem wird vorausgesetzt, dass die Leistung nach wirtschaftlichen Gesichtspunkten teilbar ist. Von der Soll-Versteuerung ausgenommen sind Anzahlungen. Hierbei greift in jedem Fall die Ist-Versteuerung.

Beispiel:

Wir senden am 15.01.2016 unserem Kunden eine Ausgangsrechnung über erbrachte Leistungen mit einem Nettowert von 2.000,- € + 19 % Umsatzsteuer 380,- € = Rechnungsbetrag 2.380,- €.
Zahlungsziel 30 Tage ohne Abzug.
Die Umsatzsteuer von 380,- € wird mit der Umsatzsteuervoranmeldung Januar 2016 zum 10. des nachfolgenden Monats an das Finanzamt abgeführt, losgelöst vom Geldeingang des Kunden.
Bei der Soll-Versteuerung führt der Unternehmer die Umsatzsteuer mit dem Belegfluss (Rechnungsstellung) an das Finanzamt ab.

Ist-Versteuerung

– **Ist-Versteuerung**

Bei der Ist-Versteuerung ist für die Besteuerung die Vereinnahmung des Entgelts entscheidend. Die Umsatzsteuer entsteht mit Ablauf des Voranmeldezeitraums, in dem das Entgelt vereinnahmt wurde.
Bei der Ist-Versteuerung führt der Unternehmer die Umsatzsteuer mit dem Geldfluss (Zahlungseingang) an das Finanzamt ab.
Die Ist-Versteuerung kommt in folgenden Fällen zur Anwendung:
• bei Unternehmen, wenn der Umsatz im Vorjahr nicht über 500.000,- € betragen hat,
• bei Unternehmen, die nicht zur Buchführung verpflichtet sind,
• bei Unternehmern, die einen freien Beruf ausüben (z. B. Architekt); auf die Höhe des Umsatzes kommt es nicht an.

Die Genehmigung zur Ist-Versteuerung wird unter dem Vorbehalt des Widerrufs erteilt. Sie erstreckt sich auf das volle Kalenderjahr. Zur Soll-Versteuerung kann jederzeit zurückgekehrt werden. Dabei bewirkt eine Rückkehr immer, dass bereits am Anfang des Kalenderjahres die Soll-Versteuerung erfolgen muss. Der Widerruf durch das Finanzamt ist nur zu Beginn des Kalenderjahres zulässig.

1.2.6   Eingabe „Mahnwesen"

Mahnwesen

Das Register „Mahnwesen" wird im Abschnitt 2.2 „Debitorenbuchhaltung" erläutert.

1.2.7   Eingabe „Datev"

Datev

Firmenanlage „Datev"

Sobald Sie auf der Seite DATEV das entsprechende Kontrollkästchen aktiviert haben, stehen die Felder für die erforderlichen DATEV-Angaben zur Verfügung. Ohne die Eintragung der Berater- und Mandantennummer ist ein Datenaustausch mit dem Rechenzentrum der DATEV nicht möglich. Sprechen Sie diese Eingaben vorher mit Ihrem Steuerberater ab.

> **DATEV-Export Schnittstelle**
> Für den Datenaustausch mit Ihrem Steuerberater können Sie im Firmenassistenten und beim Aufruf des Assistenten für den DATEV-Export zwischen dem neueren DATEV-Format (ASCII csv) und dem Postversandformat (KNE) wählen. Für das neue ASCII-Format werden Export-Dateien mit der Dateiendung „.csv" erstellt. Je nachdem, welches DATEV-Format Sie gewählt haben, sind unterschiedliche Angaben erforderlich.

Angaben „Buchhalter"

1.2.8 Eingabe „Buchhalter"

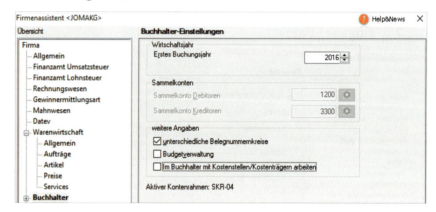

Firmenanlage „Buchhalter"

Legen Sie das erste Buchungsjahr fest. Ein Buchungsjahr, das vor Ihrem ersten Buchungsjahr liegt, kann nicht nachträglich angelegt werden. Falls Sie Daten für bereits vergangene Buchungsjahre erfassen möchten, können Sie das Buchungsjahr angeben, mit welchem Sie die Datenerfassung beginnen möchten.

Buchungsjahr

Wichtig: Das erste Buchungsjahr kann zu einem späteren Zeitpunkt nicht mehr geändert werden!

Die Kontonummern in den Feldern „Sammelkonto Debitoren" und „Sammelkonto Kreditoren" werden zunächst aus dem von Ihnen gewählten Kontenrahmen übernommen. Es handelt sich dabei um die Konten „Forderungen aus Lieferungen und Leistungen" und „Verbindlichkeiten aus Lieferungen und Leistungen".

Hier ist es empfehlenswert, die Funktion „Unterschiedliche Belegnummernkreise" zu aktivieren. Sie haben hierbei die Möglichkeit, beispielsweise Kassenbelege getrennt von den Nummern der Ausgangsrechnungen fortlaufend zu nummerieren. Die Anzeige der Belegnummern lässt vor der eigentlichen Belegnummer eine Kennzeichnung (Belegkürzel) zu. Diese muss jedoch zuvor unter dem Menüpunkt „Verwaltung/Belegnummern" angelegt sein.

Deaktivieren Sie die Haken für „Budgetverwaltung" und „Kostenstellen". Möchten Sie in Ihrem Betrieb mit einer Budgetverwaltung oder Kostenrechnung arbeiten, so müssen Sie den entsprechenden Haken setzen.

1.2.9 Eingabe „Lohn und Gehalt – Sozialversicherung"

Angaben „Sozial-
versicherung"

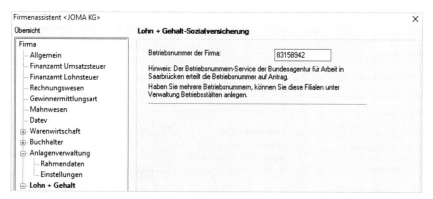

Firmenanlage „Sozialversicherung/Betriebsnummer"

Die Betriebsnummer wird von der zentralen Betriebsnummern-Servicestelle in
Saarbrücken vergeben. Die Betriebsnummer dient als Identifikationsnummer der
Firma in allen Meldungen und Nachweisen gegenüber Krankenkassen.

1.2.10 Eingabe „Lohn und Gehalt – Softwarewechsel"

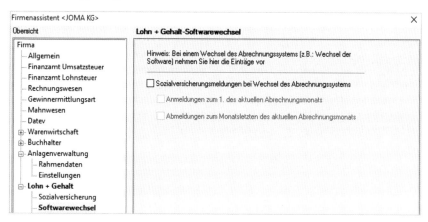

Firmenanlage „Softwarewechsel"

Haben Sie die Entgeltabrechnung bisher mit einem anderen Abrechnungssystem
durchgeführt und stellen Sie unterjährig die Abrechnung auf den Programmpunkt
„Lohn + Gehalt" um, ist eine Meldung zur Sozialversicherung mit dem Meldegrund
13 „Anmeldung wegen Wechsel des Entgeltabrechnungssystems" erforderlich,
wenn mit dem bisherigen System für die Mitarbeiter bereits eine Abmeldung mit
dem Meldegrund 36 „Abmeldung wegen Wechsel des Entgeltabrechnungssystems" erstellt wurde. Die Option „Anmeldungen zum 1. des aktuellen Abrech-
nungsmonats" kann nur im ersten Abrechnungsmonat der Firma gewählt werden.
Stellen Sie von „Lohn + Gehalt" auf ein anderes Abrechnungssystem um, wählen
Sie hier die Option „Abmeldung zum Monatsletzten des aktuellen Abrechnungs-
monats" aus. Für die Mitarbeiter wird eine Abmeldung mit dem Meldegrund 36

generiert. Ist die Option „Abmeldung zum Monatsletzten des aktuellen Abrech-
nungsmonats" ausgewählt, kann in „Lohn + Gehalt" für diese Firma kein Monats-
wechsel mehr durchgeführt werden.

Angaben zur
Berufsgenossen-
schaft

1.2.11 Eingabe „Lohn und Gehalt – Berufsgenossenschaft"

Firmenanlage „Berufsgenossenschaft"

Für die Meldungen an die Berufsgenossenschaft werden die zuständige Berufsgenossenschaft und Ihre Mitgliedsnummer benötigt. In „Lexware Lohn + Gehalt pro"
sind bereits alle Berufsgenossenschaften mit ihren Gefahrtarifstellen, der Betriebsnummer des UV-Trägers und dem gültigen Höchst-Jahresarbeitsverdienst
hinterlegt. Wählen Sie aus der Liste die für Ihr Unternehmen zuständige Berufsgenossenschaft aus. Geben Sie dann Ihre Mitgliedsnummer bei der Berufsgenossenschaft ein. Die Mitgliedsnummer des Unternehmens muss dem vorgegebenen
Schema der zuständigen Berufsgenossenschaft entsprechen.
Die Zuordnung der Mitarbeiter zu den Gefahrentarifstellen erfolgt in den Mitarbei-
ter-Stammdaten auf der Seite „Berufsgenossenschaft".

1.2.12 Eingabe „Lohn und Gehalt – Meldeverfahren"

Angaben zum
Meldeverfahren

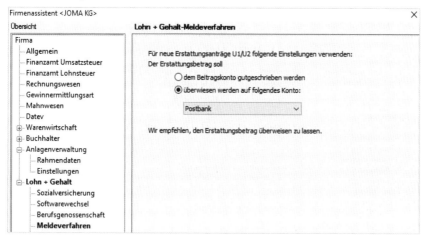

Firmenanlage „Meldeverfahren"

Für Erstattungsanträge zu den Umlageverfahren 1 und 2 (U1/U2) geben Sie hier an, wie die Erstattungsbeträge gutgeschrieben werden sollen. Wir empfehlen, den Erstattungsbetrag überweisen zu lassen.

Firmenanlage „Meldeverfahren Postbank"

1.2.13 Eingabe „Lohn und Gehalt – Betriebsdaten"

Firmenassistent <JOMA KG>		×
Übersicht	**Lohn + Gehalt-Betriebsdaten**	

Firma
- Allgemein
- Finanzamt Umsatzsteuer
- Finanzamt Lohnsteuer
- Rechnungswesen
- Gewinnermittlungsart
- Mahnwesen
- Datev
- ⊞ Warenwirtschaft
- ⊞ Buchhalter
- ⊟ Anlagenverwaltung
  - Rahmendaten
  - Einstellungen
- ⊟ **Lohn + Gehalt**
  - Sozialversicherung
  - Softwarewechsel
  - Berufsgenossenschaft
  - Meldeverfahren
  - **Betriebsdaten**
  - Arbeitszeit
  - Sonstiges

Ansprechpartner/-partnerin in der Firma

Anrede:	Herr ⌄
Name:	Leithammel Rudolf
Telefon:	0821 56452-128
Telefax:	
E-Mail:	rleithammel@joma-kg.de

Ansprechpartner/-in Entgeltabrechnung

abweichende Korrespondenzanschrift
☐ Abweichende Korrespondenzanschrift der Firma

Name:	
Straße/Haus-Nr.:	
PLZ/Ort:	
Postfach/PLZ:	

Betriebstätigkeit eingestellt
☐ Die Betriebstätigkeit der Firma ist eingestellt worden.
Unter der Betriebsnummer 83158942 werden keine Mitarbeiter mehr abgerechnet.

Firmenanlage „Betriebsdaten"

Hier ist ein Ansprechpartner für die Bundesagentur für Arbeit anzugeben. Erfassen Sie die Daten, die Sie im Antrag auf Erteilung einer Betriebsnummer bzw. in der letzten Änderungsmitteilung dem Betriebsnummern-Service der Bundesagentur für Arbeit mitgeteilt haben. Geben Sie bitte die Telefon- und Faxnummer in der Reihenfolge Vorwahl, Rufnummer, Durchwahl an. Verwenden Sie dabei ausschließlich folgende Zeichen: 0-9, Leerzeichen, Bindestriche.

Die hier erfassten Daten werden bei Neuanlage einer Firma und bei Änderungen der Angaben elektronisch als Änderung der Betriebsdaten nach § 5 DEÜV (Datenerfassungs- und Übermittlungsverordnung) an den Betriebsnummern-Service der Bundesagentur für Arbeit übermittelt.

Ebenso sind über die Schaltfläche „Ansprechpartner/in Entgeltabrechnung" Informationen zum Ansprechpartner für die Entgeltabrechnung in der Firma einzugeben.

Die Angabe zum Namen und zur Telefonnummer sind Pflichtangaben. Sind Name und/oder Telefonnummer des Ansprechpartners für die Entgeltabrechnung nicht angegeben, kann ein Antrag nicht versendet werden.

Handelt es sich bei der Firma um eine Betriebsstätte, wird die Schaltfläche „Ansprechpartner/in Entgeltabrechnung" nicht angezeigt.

Erneuter Aufruf

Wenn Sie das Dialogfenster erneut aus den Betriebsdaten aufrufen, erhalten Sie eine Abfrage, ob Sie die Angaben des Ansprechpartners aus den Betriebsdaten übernehmen wollen.

Sie sollten diese Abfrage dann mit „Nein" beantworten, wenn sich die Daten des Ansprechpartners für die Entgeltabrechnung von den Daten des betrieblichen Ansprechpartners unterscheiden.

In diesem Fall muss die Vorbelegung der Eingabefelder mit den Daten des betrieblichen Ansprechpartners verhindert werden. Der Name des Ansprechpartners für die Entgeltabrechnung wird auf dem Firmenstammblatt mit ausgedruckt.

1.2.14 Eingabe „Lohn und Gehalt – Arbeitszeiten"

Angabe der Arbeitszeiten

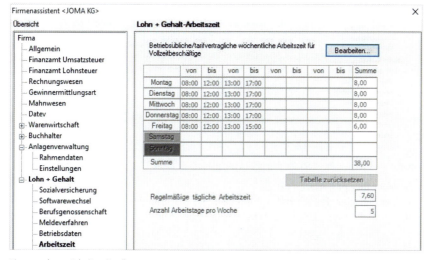

Firmenanlage „Arbeitszeiten"

Über die Schaltfläche „Bearbeiten" erfassen Sie die betriebsüblichen Arbeitszeiten. Sie hinterlegen die betriebsüblichen bzw. die tarifvertraglichen Arbeitszeiten eines Vollzeitbeschäftigten. Diese Arbeitszeiten lassen sich aus den Firmenstammdaten in die Mitarbeiterstammdaten übernehmen. Änderungen der Arbeitszeiten in den Firmenstammdaten führen dann automatisch zu einer Aktualisierung der Arbeitszeit in den Mitarbeiterstammdaten.

Die Eingabe der wöchentlichen Arbeitszeit eines Unternehmens in den Firmenstammdaten erfolgt unabhängig vom Abrechnungsjahr. Die Eingabe kann detailliert über die Tabelle oder pauschal über die darunter liegenden Felder erfolgen. Die Firmenarbeitszeit eines Vollzeitbeschäftigten wird für die Berechnung des Mindestentgelts bei Teilzeitbeschäftigten benötigt, für die die Berufsgenossenschaft für Transport und Verkehrswirtschaft zuständig ist.

Wenn in den Firmenstammdaten die Berufsgenossenschaft für Transport und Verkehrswirtschaft angegeben wurde, muss dort auch die betriebsübliche bzw. tarifvertragliche Firmenarbeitszeit eines Vollzeitbeschäftigten hinterlegt werden. Lexware „Lohn + Gehalt pro" prüft in diesem Fall, ob die Firmenarbeitszeit in den Firmenstammdaten angegeben wurde.

1.2.15 Eingabe „Lohn und Gehalt – Sonstiges"

```
Firmenassistent <JOMA KG>                                                    ×

Übersicht                          Lohn + Gehalt-Sonstiges

Firma
   Allgemein                       Bitte geben Sie an dieser Stelle ein, ab welchem Monat Sie
   Finanzamt Umsatzsteuer          Lohnabrechnungen generieren wollen
   Finanzamt Lohnsteuer                      Abrechnungen generieren ab:   Januar        ⌄
   Rechnungswesen
   Gewinnermittlungsart                                     im Jahr:       2015          ⌄
   Mahnwesen
   Datev                           Ist für diese Firma Insolvenzgeld-
   Warenwirtschaft                 umlage zu berechnen?                    Ja            ⌄
   Buchhalter
   Anlagenverwaltung               Möchten Sie für diese Firma Kurzarbeit abrechnen?     Nein    ⌄
       Rahmendaten
       Einstellungen               Möchten Sie für diese Fa. die Schwerbeh.-Abg. erstellen?   Nein    ⌄
   Lohn + Gehalt
       Sozialversicherung          Sind für diese Firma Sofortmeldungen zu erstellen?     Nein    ⌄
       Softwarewechsel
       Berufsgenossenschaft
       Meldeverfahren
       Betriebsdaten
       Arbeitszeit
       Sonstiges
```

Firmenanlage „Sonstiges – Lohnabrechnungen generieren"

> **Abrechnung generieren ab ...**
Geben Sie hier den Monat ein, ab dem Sie mit der Erfassung der Lohnabrech-
nungsdaten über „Lohn + Gehalt" beginnen wollen.

Diese Eingabe kann nach dem Speichern der Firmendaten nicht mehr verändert
werden. Zeiträume vor dem gewählten ersten Abrechnungsmonat können im
Programm nicht angesprochen werden.
Wenn Sie die Erfassung Ihrer Lohnabrechnungen nicht im Januar des laufenden
Jahres beginnen, sondern zu einem anderen Zeitpunkt, ermöglicht Ihnen
„Lohn + Gehalt" beim Anlegen von Mitarbeitern zusätzlich die Erfassung von
Vorträgen des laufenden Jahres. Damit können die Summen der Monate eingegeben werden, die im laufenden Jahr nicht mit „Lohn + Gehalt" abgerechnet
wurden. Die Vortragswerte werden vor allem zur Berechnung späterer Einmalbe-
züge benötigt. Sie werden im Lohnkonto ausgewiesen und, soweit möglich,
beim Ausdruck der Lohnsteuerbescheinigung berücksichtigt. Beachten Sie aber,
dass die Durchführung des internen Lohnsteuerjahresausgleichs im Dezember
nicht möglich ist.

> **Insolvenzgeldumlage**
Grundsätzlich sind alle Firmen insolvenzgeldumlagepflichtig. Ausgenommen
sind nur Arbeitgeber der öffentlichen Hand und Privathaushalte. Diese Auswahl
ist nur im ersten Abrechnungsmonat bei Firmenneuanlage auswählbar.

> **Kurzarbeit**
Möchten Sie für diese Firma Kurzarbeit abrechnen, bestätigen Sie die Option mit
„Ja". Haben Sie Kurzarbeit ausgewählt, wird im Abrechnungsfenster der Naviga-
tionsbaum um die Kategorie Kurzarbeit erweitert.

> **Schwerbehindertenabgabe**
>
> „Lohn + Gehalt" berechnet die Ausgleichsabgabe für nicht besetzte Pflichtplätze mit Schwerbehinderten. Weiterhin werden die erforderlichen Berichte erstellt. Wenn Sie diese Funktionalität nutzen wollen, ist dies in der Karte „Sonstiges" anzugeben. Unter dem Menüpunkt „Verwaltung Schwerbehindertenabgabe" und in den Personalstammdaten sind weitere Eingaben erforderlich. Zur Erstellung der Schwerbehindertenabgabe steht Ihnen eine Schnittstelle zum Programm REHADAT-Elan zur Verfügung. Diese finden Sie unter dem Menüpunkt „Datei Export Daten Schwerbehindertenabgabe".

> **Sofortmeldungen**
>
> Gehört Ihre Firma zu den Branchen, die nach § 28a Abs. 4 SGB IV dazu verpflichtet sind, für Beschäftigte Sofortmeldungen zu erstellen, setzen Sie diese Option auf „Ja". Erst dann können Sie beim Eintritt oder Wiedereintritt eines Mitarbeiters eine Sofortmeldung erstellen lassen, indem Sie im Mitarbeiterassistenten auf der Seite Meldewesen die entsprechende Option setzen.

Sofortmel-
dungen

Folgende Firmen sind von der Sofortmeldung betroffen:
– Baugewerbe
– Gaststätten- und Beherbergungsgewerbe
– Personenbeförderungsgewerbe
– Speditions-, Transport- und die damit verbundenen Logistikgewerbe
– Schaustellergewerbe
– Unternehmen der Forstwirtschaft
– Gebäudereinigungsgewerbe
– Unternehmen, die sich am Auf- und Abbau von Messen und Ausstellungen beteiligen
– Fleischwirtschaft.

Ob eine Firma wirklich unter die Regelung fällt, entscheiden die tatsächlichen Verhältnisse im Betrieb.
Die Firmenangaben für „Buchhalter" sowie „Lohn + Gehalt" sind nun alle erfasst.

Speichern Sie Ihre Angaben.

1.3 Der Kontenplan

Kontenplan
auswählen

Bei der Firmenanlage haben Sie sich entschieden, mit dem Standardkontenrahmen 04 (SKR-04) zu arbeiten. Im Menü „Ansicht/Kontenplan" werden alle Sachkonten und Personenkonten verwaltet. Der Sachkontenstamm umfasst in der Regel alle Konten, die Sie für das Erfassen Ihrer Geschäftsvorfälle benötigen. Sie können neue Konten anlegen und bestehende Konten bearbeiten oder löschen. Des Weiteren können Sie die Darstellung des Kontenplans definieren.

Kontenplan anzeigen
Zum Anzeigen des Kontenplans gehen Sie wie folgt vor: Wählen Sie den Menüpunkt „Ansicht/Kontenplan" oder drücken Sie die Tastenkombination „Strg - K".

Kontenplan verwalten

① Mit dem Eingabefeld „Suchen" kann nach einem bestimmten Konto gesucht werden.

② Mit Klick auf die Baumstruktur lassen sich die Konten nach Kontenkategorien anzeigen.

③ Anzeigen der Kontonummer und der Kontenbezeichnung.

Im linken Bereich sehen Sie alle Kontenkategorien, unterteilt in Sachkonten, Debitoren und Kreditoren. Mit einem Mausklick auf eine Kategorie werden Ihnen im rechten Fensterbereich die entsprechenden Konten angezeigt.

Über die rechte Maustaste haben Sie die Möglichkeit, alle Konten der gewählten Kategorie für die Ansicht in den Tabellen der Buchungsmaske und in der Ansicht Kontenplan ein- bzw. auszublenden und zu verdichten bzw. nicht zu verdichten.

Die Funktionen der Schaltflächen werden nachfolgend erläutert. Dieselben Funktionen stehen Ihnen außerdem zur Verfügung, wenn Sie den Kontenplan mit der rechten Maustaste anklicken.

Weitere Informationen zur Kunden- und Lieferantenanlage erhalten Sie bei der Neuanlage von Debitoren und Kreditoren.

1.3.1   Buchen von Saldenvorträgen

a) Sachkonten

Saldenvorträge Sachkonten

Die Vorträge der Salden der Sachkonten werden über das Konto 9000 „Saldenvorträge Sachkonten" gebucht.

Die Buchungssätze lauten bei **AKTIVA** der Bilanz:

Soll	an	Haben
Aktivkonto der Bilanz	an	9000 Saldenvorträge Sachkonten

▰▰ Beispiel:

Anfangsbestand Postbankkonto

Soll	Betrag	an	Haben	Betrag
1701 Postbankkonto	7.850,- €	an	9000 Saldenvorträge Sachkonten	7.850,- €

Die Buchungssätze lauten bei **PASSIVA** der Bilanz:

Soll	an	Haben
9000 Saldenvorträge Sachkonten	an	Passivkonto der Bilanz

▰▰ Beispiel:

Soll	Betrag	an	Haben	Betrag
9000 Saldenvorträge Sachkonten	5.350,- €	an	1800 Bank	5.350,- €

b) Personenkonten

> Die Vorträge der Salden der Personenkonten Debitoren (= Kunden) werden über das Konto 9008 „Saldenvorträge Debitoren" gebucht.

Saldenvorträge
Debitoren

Der Buchungssatz lautet bei **Personenkonten Debitoren:**

Soll	an	Haben
Personenkonto des Debitors	an	9008 Saldenvorträge Debitoren

■■■ **Beispiel:**

Kunde Skialpin Oberhofer

Soll	Betrag	an	Haben	Betrag
10040 Skialpin Ober-hofer	3.220,20 €	an	9008 Saldenvorträge Debitoren	3.220,20 €

> Die Vorträge der Salden der Personenkonten Kreditoren (= Lieferanten) werden über das Konto 9009 „Saldenvorträge Kreditoren" gebucht.

Saldenvorträge
Kreditoren

Der Buchungssatz lautet bei **Personenkonten Kreditoren:**

Soll	an	Haben
9009 Saldenvorträge Kreditoren	an	Personenkonto des Kreditors

■■■ **Beispiel:**

Lieferant Gerhard Müller OHG

Soll	Betrag	an	Haben	Betrag
9009 Saldenvorträge Kreditoren	980,- €	an	70100 Gerhard Müller OHG	980,- €

1.3.2   Datensicherung und Datenarchivierung

Nichts ist so wertvoll wie Ihre Arbeit. Um die Daten zu schützen und zu sichern, sollten Sie in kurzen und regelmäßigen Abständen eine Datensicherung vornehmen. Das geht verhältnismäßig schnell und mit dem Assistenten auch sehr einfach.

> **Vorgehensweise in Lexware**

Um eine Datensicherung vorzunehmen, gehen Sie folgendermaßen vor:

Datensicherung

- Wählen Sie den Befehl „Datei/Datensicherung/Sicherung".
- Es öffnet sich ein Assistent, der Sie durch die weiteren Schritte führt. Dabei haben Sie grundsätzlich die Möglichkeit, Ihren gesamten Datenbestand und optional auch die Formulare, Kunden-Dokumente oder einzelne Firmen zu sichern.
- Folgen Sie den Anweisungen des Assistenten und starten Sie schließlich die Datensicherung. Der bis zu diesem Zeitpunkt erfasste Datenbestand wird eingefroren.

   Info: Über den Befehl „Datei/Datensicherung/Rücksicherung" lässt sich der Datenbestand in dem Zustand wiederherstellen, wie er zum Zeitpunkt der Sicherung erreicht wurde.

Um Ihre Daten vor Beschädigung oder Verlust zu schützen, müssen Ihre Daten regelmäßig gesichert werden. Die Sicherungsdatei muss zusätzlich auf ein externes Laufwerk oder in Ihrem Netzlaufwerk gesichert werden.

> **Datenarchivierung**

Zusätzlich haben Sie die Möglichkeit, Sicherungen online in einem Hochsicherheitsrechenzentrum zu hinterlegen. Die Daten werden verschlüsselt und schnell übertragen. Die Zugangsdaten sind nur Ihnen bekannt und werden nicht übertragen. Dieser Dienst ist kostenpflichtig.

Datenarchivierung

Wiederholungsfragen

1. Nennen Sie drei Vorteile, die für eine professionelle Finanzbuchhaltung sprechen!

    >> Seite 11

2. Welche Rechtsgrundlagen sind für den Handwerksbetrieb von Bedeutung?

    >> Seiten 11 bis 12

3. Merkmale einer Kapitalgesellschaft werden anhand der Größenschwellen definiert. Welche Größenmerkmale stehen für die kleine Kapitalgesellschaft?

    >> Seite 12

4. Ein Merkmal des Bilanzrechtsmodernisierungsgesetzes ist der Wegfall der umgekehrten Maßgeblichkeit. Begründen Sie dieses Merkmal!

    >> Seite 12

5. Welche Möglichkeiten bestehen, damit ein Handwerksunternehmen die Kaufmannseigenschaft besitzen kann?

    >> Seite 14

6. Erklären Sie, wozu eine Steuer-ID benötigt wird!

    >> Seite 15

7. Erklären Sie, wozu ein Handwerksunternehmen eine Gläubiger-ID benötigt!

    >> Seite 15

8. Welche Unternehmen sind nicht umsatzsteuerpflichtig?

    >> Seite 16

9. In der Buchhaltung benutzt man zum Buchen einen Kontenrahmen. Wie viele Stellen haben in der Regel Sachkonten?

    >> Seite 18

10. Welche Gewerbetreibenden sind nach dem Bilanzrechtsmodernisierungsgesetz von der doppelten Buchführungspflicht befreit?

    >> Seite 19

11. Für welche Handwerksbetriebe ist die Gewinnermittlungsart Einnahmen-Überschuss-Rechnung ausreichend?

    >> Seite 19

12. Erklären Sie, was man unter einer Bilanz versteht!

    >> Seite 20

13. Welche Bedeutung haben die Grundsätze ordnungsmäßiger Buchführung?

    >> Seite 20

14. Nennen Sie die gesetzlichen Grundlagen der Buchführung!

    >> Seite 21

15. Was ist im § 238 HGB geregelt?

    >> Seite 21

16. Was ist im § 141 der Abgabenordnung geregelt?

    >> Seite 21

17. Wann wählt ein Handwerksbetrieb die Gewinnermittlungsart „Betriebsvermögensvergleich" (doppelte Buchführung)?

    >> Seite 21

18. Welchen Vorschriften folgt die Handelsbilanz?

    >> Seite 21

19. Welchen Vorschriften folgt die Steuerbilanz?

    >> Seite 22

20. Innerhalb einer guten Finanzbuchführungssoftware kann man mit Perioden arbeiten. Erklären Sie, wozu Perioden in der EDV-Buchführung benötigt werden!

    >> Seite 22

21. Wie nennt man eine Besteuerung nach dem vereinbarten Entgelt?

    >> Seite 22

22. Wie nennt man eine Besteuerung nach dem vereinnahmten Entgelt?

    >> Seite 22

23. In welchen Fällen kommt die Ist-Versteuerung zur Anwendung?

    >> Seiten 22 bis 23

24. Warum gibt es in Lexware eine Datev-Export-Schnittstelle?

    >> Seite 23

25. Warum kann es möglich sein, dass ein Handwerksbetrieb seine Buchhaltungsdaten mittels Datev-Format (ASCII csv)-Unterstützung sichert?

    >>> Seite 24

26. Welche Dateiendung hat ein Datenexport im Format ASCII?

    >>> Seite 24

27. Kann ein früheres Buchungsjahr als das angelegte in Lexware zu einem späteren Zeitpunkt bestimmt werden?

    >>> Seite 24

28. In der Finanzbuchhaltung gibt es die Funktion „Belegnummernkreise". Welchen Vorteil bringt das Buchen mit diesen Nummernkreisen?

    >>> Seite 24

29. Warum ist es empfehlenswert, in Lexware mit Belegnummernkreisen zu arbeiten?

    >>> Seite 24

30. Welche Institution erteilt die Betriebsnummer, und wofür wird eine Betriebsnummer benötigt?

    >>> Seite 25

31. Warum benötigen Sie eine Betriebsnummer?

    >>> Seite 25

32. Schildern Sie, wann es nötig ist, Daten aus einem anderen Lohn- und Gehaltsabrechnungsprogramm in Lexware einzugeben.

    >>> Seite 25

33. Welche Branchen haben eine Sofortmeldepflicht?

    >>> Seite 31

34. Mit welchem Gegenkonto buchen Sie Saldovorträge für Sachkonten?

    >>> Seite 34

35. Mit welchem Gegenkonto buchen Sie Saldovorträge für Debitoren?

    >>> Seite 34

36. Mit welchem Gegenkonto buchen Sie Saldovorträge für Kreditoren?

    >>> Seite 34

2. Belege erstellen, prüfen und kontieren

Kompetenzen

> Belegprüfung in die Organisationsbereiche der Geschäftsbuchhaltung einordnen.
> Rechnungen erfassen.
> Belege des Geschäftsverkehrs prüfen und EDV-gestützt verbuchen.

2.1 Kreditorenbuchhaltung

Kreditorenbuchhaltung

Ein Kreditor (lat. credere „glauben, anvertrauen") ist der Gläubiger von Forderungen aus Lieferungen und Leistungen. Man nennt ihn Kreditor, weil er als **Lieferant oder Dienstleister** die Risiken eines Kreditgebers übernimmt. Kreditoren (also Lieferanten/Dienstleister) können natürliche Personen, Unternehmen oder juristische Personen des öffentlichen Rechts sein.
Im Zentrum der Kreditorenbuchhaltung stehen alle Prozesse, die mit den Eingangsrechnungen in Zusammenhang stehen. Typische Tätigkeiten im Handwerksbetrieb sind dabei die Bearbeitung der täglich mit der Post eingehenden Rechnungen, die Durchführung von Zahlungen und die Korrespondenz mit den Kreditoren.

Kreditor = Lieferant/ Dienstleister

Zu den besonders wichtigen **Aufgaben der Kreditorenbuchhaltung** gehören vor allem:

Aufgaben

> **Die Kreditorenstammsatzpflege**
In der Kreditorenbuchhaltung wird die Kreditorenstammsatzpflege durch das Erfassen des Kreditors in das Buchhaltungsprogramm vorgenommen. Wichtige Informationen des Kreditors werden hierbei verwaltet. Dabei handelt es sich in der Regel vor allem um konstante Daten wie die Anschrift oder Gesellschaftsform der Unternehmen und weitere wichtige Kontaktdaten, wie z. B. die Bankverbindung. Dies vereinfacht die weitere geschäftliche Beziehung ebenso wie die Abwicklung der offen stehenden Rechnung an das Unternehmen.

> **Kreditorische Rechnungsprüfung**
In diesem Tätigkeitsbereich kommt es bei der Kreditorenbuchhaltung vor allem auf die Überprüfung der Rechnungsangaben an. Hier wird unter anderem kontrolliert, ob die Mengenangaben auf der Rechnung den Angaben auf dem Lieferschein und dem Lieferungsumfang entsprechen und mit der Bestellung übereinstimmen. Diese Überprüfung ist die Voraussetzung einer korrekten und reibungslosen Zahlung der ausstehenden Eingangsrechnungen.

> **Erfassung der kreditorischen Eingangsrechnungen**
Hier werden die eingehenden Rechnungen gesammelt und sortiert. Besondere Aufmerksamkeit gilt hier der Aufteilung des Rechnungsbetrages in den Nettowert und die Vorsteuer.

> **Verwaltung der offenen Posten**
> Die offenen Rechnungen werden entsprechend ihrer Fälligkeit bearbeitet. Dieser Aufgabenbereich der Kreditorenbuchhaltung ist von besonderer Bedeutung für die kurzfristige Liquiditätsplanung, da hier alle Informationen über ausstehende Rechnungen und Zahlungsverpflichtungen im Handwerksunternehmen zusammenlaufen.

> **Veranlassung der Zahlung**
> Nach all diesen Tätigkeiten wird in der Kreditorenbuchhaltung die eigentliche Zahlung der offenen Rechnungen veranlasst. In der Regel wird im Handwerksbetrieb heutzutage mit Onlinebanking gearbeitet.

> **Archivierung der Eingangsrechnungen**
> Entsprechend der 10-jährigen Aufbewahrungspflicht sind auch die Handwerksbetriebe dazu verpflichtet, alle Rechnungen über diesen Zeitraum aufzubewahren, um eine lückenlose Überprüfung ihrer Geschäftstätigkeit zu gewährleisten. Die Archivierung kann sowohl in Belegform als auch digital vollzogen werden.

2.1.1 Lieferanten (Kreditoren) anlegen

Die Stammdatenanlage eines Lieferanten (Kreditor) in Lexware entsteht mittels eines Personenkontos, das bebucht werden kann.

Die Kreditorenkonten liegen in der Regel im Bereich der Kontennummern von 70000 bis 99999.

2.1.2 Neues Kreditorenkonto in Lexware erstellen

Wählen Sie im Menüpunkt „Verwaltung" die Funktion „Kontenverwaltung". Im folgenden Dialog „Kontenverwaltung" klicken Sie auf „Neu".

Beispiel:

Erfassen Sie den Kreditor „Gerhard Müller OHG" mit der Kreditorennummer 70010.

Neuanlage eines Kreditors

Klicken Sie unter „Kategorie" auf den Dropdown-Pfeil und wählen Sie den Eintrag „Kreditoren" aus. Geben Sie im Feld „Kontonummer" die Lieferantennummer 70010 und im Feld „Kontoname" Gerhard Müller OHG ein. Klicken Sie anschließend auf die Schaltfläche „Weiter".

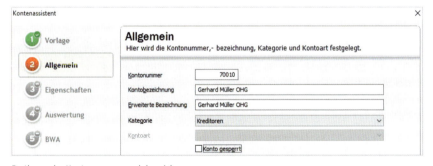

Festlegen der Kontonummer und -bezeichnung

Im zweiten Schritt werden die Lieferantendaten noch einmal angezeigt. Dabei können sie erweitert werden. Soll ein Konto nicht mehr bebucht werden, können Sie dieses über das Kontrollkästchen „Konto gesperrt" sperren.

> **Bestellanschrift**

Im nächsten Schritt muss die Bestellanschrift des Lieferanten erfasst werden. Die Bestellanschrift sollte zur Erleichterung der Identifizierung eines Lieferanten identisch mit der Kontonummer sein. Der „Matchcode" wurde aus den Angaben der Kontobezeichnung automatisch generiert und kann geändert werden.

Festlegen der Bestellanschrift

Klicken Sie anschließend auf die Schaltfläche „Weiter". Über den Eintrag „Kontaktpersonen" können ggf. mit der Schaltfläche „Neu" Ansprechpartner beim Lieferanten und zusätzliche Kontaktdaten zum Ansprechpartner eingegeben werden. Klicken Sie anschließend auf die Schaltfläche „Weiter".

> **Lieferanschrift**

Im nächsten Schritt wird die Lieferanschrift festgelegt. Die Lieferanschrift ist vor allem für Rücklieferungen sehr wichtig. Beim Lieferanten Gerhard Müller OHG ist die Lieferanschrift gleich der Bestellanschrift. Kopieren Sie diese mit der Schaltfläche „Bestellanschrift kopieren".

Festlegen der Lieferanschrift

Im Feld „Lieferart" wählen Sie die bestimmte „Lieferart I Lieferung frei Haus" aus. Geben Sie die Kundennummer 10115 im Feld „KundenNr." ein. Beim Lieferanten wird oft im Angebot die Kundennummer angegeben und erleichtert sowohl bei Zahlungen als auch bei Rücksendungen die Zuordnung. Klicken Sie nach der Eingabe auf die Schaltfläche „Weiter".

> **Kommunikation**

Eingabe der Kommunikationsdaten

Im Feld „Kommunikation" geben Sie die Kommunikationsdaten vom Lieferanten Gerhard Müller OHG ein. Klicken Sie anschließend auf die Schaltfläche „Weiter".

> **Rechnungsstellung**

Angaben zur Rechnungsstellung

Standardmäßig ist bei einer Neuanlage eines Lieferantenkontos die Einstellung „Steuerbare Umsätze" aktiviert.

Steuernummer

> Die Steuernummer auf der Rechnungsangabe weist den Lieferanten als Unternehmer aus.
>
> Die Umsatzsteuer-Identifikationsnummer, kurz USt-Id-Nr. genannt, wird nicht vom Finanzamt vergeben, sondern durch das Bundeszentralamt für Steuern und dient dazu, sich innerhalb der Europäischen Union auszuweisen.

Klicken Sie anschließend auf die Schaltfläche „Weiter".

> **Zahlungskonditionen**
>
> Im nächsten Fenster werden die Zahlungsbedingungen definiert. Firma Gerhard Müller OHG bietet folgende Zahlungsbedingungen an: 14 Tage mit 2 % Skontoabzug und ein Zahlungsziel ohne Abzug von 30 Tagen. Ordnen Sie dem Lieferanten die vereinbarte Zahlungsbedingung zu: In der Auswahlliste finden Sie die vorhandene Zahlungsbedingung. Wählen Sie den gewünschten Eintrag aus, und dessen Werte werden inaktiv zu Ihrer Information angezeigt. Die Angabe der Zahlungsbedingungen wird benötigt, um die Zahlung rechtzeitig vorzunehmen. Rechts neben der Auswahlliste finden Sie ein Symbol, über das Sie direkt in die Verwaltung der Zahlungsbedingungen gelangen, um neue Konditionen zu erfassen oder bereits vorhandene abzuändern.

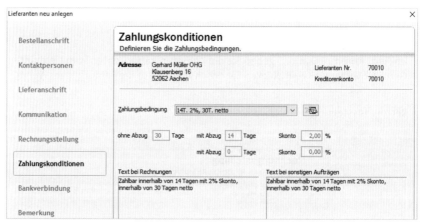

Festlegen der Zahlungskonditionen

Klicken Sie anschließend auf die Schaltfläche „Weiter".

> Bankverbindung

Im Fenster „Bankverbindung" geben Sie (als Beispiel) die nachfolgende Bankverbindung ein:

Festlegen der Bankverbindung

Klicken Sie auf die Schaltfläche „Weiter".

> Bemerkungen

Der Eintrag „Bemerkungen" ist für die Buchhaltung ohne Bedeutung und bietet die Möglichkeit, Bemerkungen zum Lieferanten zu erfassen.
Speichern Sie die Neuerfassung der Stammdaten des Kreditors Gerhard Müller OHG anschließend ab.

Kontenverwaltung mit fertig angelegtem Kreditor

In der Kontenverwaltung ist nun unter „Kreditoren" ersichtlich, dass der Lieferant Gerhard Müller OHG angelegt ist und ab sofort bebucht werden kann.

Debitorenbuch-
haltung

2.2 Debitorenbuchhaltung

Debitoren =
Kunden

Debitor (lat. debere „schulden") ist der Begriff für den Schuldner aus Lieferungen und Leistungen.
Die Debitorenbuchhaltung hat den Überblick über die ausstehenden Zahlungen des Unternehmens. Sie verkörpert einen wichtigen Teilbereich der
Finanzbuchhaltung und steht für die Erfassung von Transaktionen bzw. Ge-
schäftsfällen, die in Verbindung mit Debitoren (Kunden) stehen. **Die Haupt-
aufgabe in der Debitorenbuchhaltung besteht folglich darin, Forderungen
zu erfassen.**

Aufgaben

Neben der reinen Erfassung von Forderungen gibt es noch weitere Aufgaben in der
Debitorenbuchhaltung. Schließlich werden Daten erfasst, die besonders für das Fi-
nanz- bzw. Forderungsmanagement des Unternehmens von hoher Bedeutung
sind. Mithilfe der Daten aus der Debitorenbuchhaltung lässt sich z. B. die Liquidität
planen. Somit liefert die Debitorenbuchhaltung wichtige Daten, die vor allem für
die Unternehmensführung im Handwerksbetrieb von hoher Bedeutung sind.
Gleichzeitig verkörpert die Debitorenbuchhaltung einen Teilbereich des sogenannten Forderungsmanagements (Mahnwesen). Sollte sich beispielsweise ein Kunde
im Zahlungsverzug befinden, so wird diese Information von der Debitorenbuchhaltung entweder an das Mahnwesen weitergeleitet, oder die Aufgaben des Mahn-
wesens werden in der Debitorenbuchhaltung durchgeführt. Des Weiteren können
mithilfe der Debitorenbuchhaltung wichtige Informationen über einzelne Kunden
gewonnen werden. So lassen sich z. B. Rückschlüsse auf die Zahlungsmoral bestimmter Kunden ziehen. Sollten entsprechende Anzeichen erkennbar sein, so besteht die Möglichkeit, frühzeitig zu reagieren und ggf. Lieferungen einzustellen,
um somit einen eventuell bevorstehenden Forderungsausfall zu begrenzen.

2.2.1 Debitor (Kunden) anlegen

Die Stammdatenanlage eines Kunden (Debitor) in Lexware entsteht mittels eines
Personenkontos, das bebucht werden kann.
Die Debitorenkonten liegen in der Regel im Bereich der Kontennummern von
10000 bis 69999.

2.2.2 Neues Debitorenkonto in Lexware erstellen

Wählen Sie im Menüpunkt „Verwaltung" die Funktion „Kontenverwaltung". Im folgenden Dialog „Kontenverwaltung" klicken Sie auf „Neu".

Beispiel:

Erfassen Sie den Debitor „Skialpin Oberhofer GmbH, Bettina Oberhofer" mit
der Debitorennummer 10040.

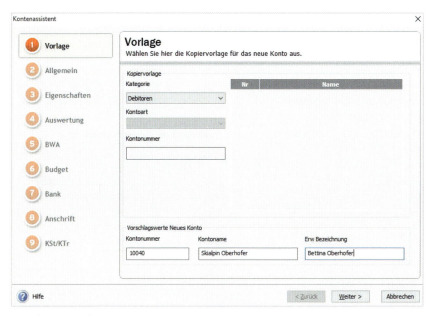

Debitoren in
Lexware anlegen

Neuanlage eines Debitors

Klicken Sie unter „Kategorie" auf den Dropdown-Pfeil und wählen Sie den Eintrag
„Debitoren" aus. Geben Sie im Feld „Kontonummer" die Debitorennummer 10040,
im Feld „Kontoname" den Namen Skialpin Oberhofer und im Feld „Erweiterte Bezeichnung" den Namen Bettina Oberhofer ein. Klicken Sie anschließend auf die
Schaltfläche „Weiter".

Festlegen der Kontonummer und -bezeichnung

Im zweiten Schritt werden die Kundendaten noch einmal angezeigt. Dabei können
sie erweitert werden. Soll ein Konto nicht mehr bebucht werden, können Sie es
über das Kontrollkästchen „Konto gesperrt" sperren. Klicken Sie anschließend auf
die Schaltfläche „Weiter".

> **Rechnungsanschrift**
Zahlreiche Felder stehen zur Verfügung. Beachten Sie bei der Erfassung der Rechnungsanschrift, dass die Pflichtangaben Kundennummer, Kundenmatchcode und Firma oder Name vorhanden sind.

Rechnungsanschrift erfassen		Help&News ✕
Kunden Nr.	10040	Matchcode Skialpin Oberhofer
Anrede		☐ Inaktiv
Firma	Skialpin Oberhofer	
Name	Oberhofer	
Vorname	Bettina	
Zusatz		
Ansprechpartner		🔍
Straße/Postfach	Badeseeweg	Nr. 11
PLZ	87484 🔍	Ort Nesselwang
Land	Deutschland	
Telefon 1	▾	
E-Mail 1	▾	
Web		
Lieferart	Lieferung frei Haus ⌄	
LieferantenNr. bei Kd.		
❓ Hilfe		Übernehmen Abbrechen

Erfassen der Rechnungsanschrift

Werden Sie bei Ihren Kunden mit einer Lieferantennummer geführt, können Sie diese angeben. Klicken Sie auf „Übernehmen".

Erfassen verschiedener Lieferanschriften

Möchten Sie eine Anschrift schnell einsehen, klicken Sie auf das Symbol 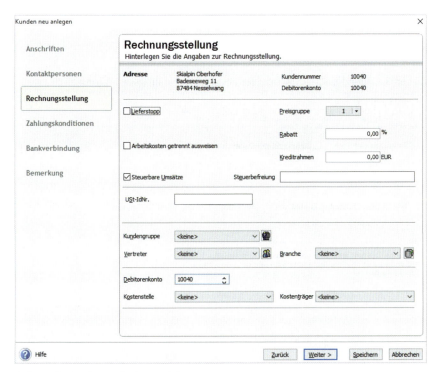 in der entsprechenden Zeile: Es erscheint ein kleines Fenster, in dem die wichtigsten Informationen zur markierten Adresse aufgeführt sind.

> Kontaktperson
Im Feld „Kontaktperson" geben Sie die Kontaktdaten zum Kunden Skialpin Oberhofer ein. Klicken Sie anschließend auf die Schaltfläche „Weiter".

> Rechnungsstellung
Die Seite „Rechnungsstellung" hat in erster Linie mit der Rechnungsstellung im Programmmodul „Lexware Warenwirtschaft pro" zu tun. Für die Buchhaltung sind vor allen die USt.-Id-Nr. und die steuerbaren Umsätze von Bedeutung.

Festlegen der Angaben zur Rechnungsstellung

> **Steuerbare Umsätze**

Das Kontrollhäkchen „Steuerbare Umsätze" ist bereits vorbelegt und besagt, dass Rechnungen an diesen Kunden mit Umsatzsteuer ausgewiesen werden. Es muss entfernt werden, wenn der Kunde steuerfreie Rechnungen erhält. Dies trifft vor allem zu, wenn der Firmenkunde im Ausland angesiedelt ist.
Innerhalb der EU muss zusätzlich die USt.-ID-Nummer angegeben werden.

> **Steuerbefreiung**

Wenn Sie eine steuerfreie Rechnung buchen, muss der Grund der Steuerbefreiung auf dem Rechnungsdokument vermerkt sein. Handelt es sich um einen Auftrag an einen EG-Kunden, muss grundsätzlich der Vermerk „Innergemeinschaftliche Lieferung" aufgedruckt sein. Bei Aufträgen an einen steuerfreien Kunden außerhalb der EG muss „Ausfuhrlieferung" als Grund angegeben sein.

Sofern Ihnen die USt.-Id-Nr. Ihres Kunden vorliegt, ist es grundsätzlich zu empfehlen, diese in den Kundendaten zu erfassen. Der Gesetzgeber verpflichtet Sie z. B. dazu, bei allen Gutschriften die Steuernummer oder USt.-ID-Nr. des Empfängers anzugeben.

Klicken Sie auf die Schaltfläche „Weiter".

> **Zahlungskonditionen**

Standardmäßig sind im Programm bereits zwei Zahlungskonditionen vorgegeben. Sie können dem jeweiligen Kunden zugewiesen werden. Über die Schaltfläche 🖼 können Sie die Zahlungsbedingungen einsehen und diese ggf. ändern.

Neue Zahlungskondition anlegen

Geben Sie über die Schaltfläche „Neu" eine neue Zahlungsbedingung ein.

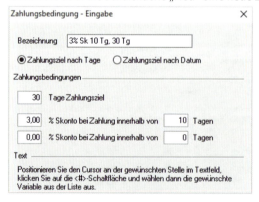

Eingabe einer neuen Zahlungsbedingung

Klicken Sie auf „Schließen" und weisen Sie dem Kunden Skialpin Oberhofer die neu angelegte Zahlungsbedingung zu. Gehen Sie anschließend auf die Schaltfläche „Weiter".

> **Bankverbindung**
> Die Bankverbindung ist nur zu erfassen, wenn Ihnen die Erteilung einer Einzugs-
> ermächtigung und ein SEPA-Lastschriftmandat vom Kunden vorliegt.

> **Mahnungen zulassen**
> Standardmäßig ist bei der Anlage eines neuen Kunden das Kontrollkästchen
> „Mahnungen zulassen" aktiviert. Möchten Sie aus bestimmen Gründen einem
> Kunden im späteren Mahnlauf keine Mahnung zukommen lassen, deaktivieren
> Sie dieses Häkchen. Mit dieser Einstellung werden noch nicht bezahlte Rechnun-
> gen in den nächsten Mahnlauf nicht mit aufgenommen.

> **Zahlungsart**
> Wählen Sie im Auswahlfeld „Zahlungsart" die Zahlungsart „Überweisen" aus
> und klicken Sie auf die Schaltfläche „Weiter".

> **Bemerkung**
> Der Eintrag „Bemerkungen" ist für die Buchhaltung ohne Bedeutung und bietet
> die Möglichkeit, Bemerkungen zum Kunden zu erfassen.

Speichern Sie die Neuerfassung der Stammdaten des Kunden Skialpin Oberhofer. Bestätigen Sie die nächste Meldung mit „Ja", wenn der Matchcode in die Kontenbezeichnung übernommen werden soll.

Klicken Sie im Kontenassistent „Speichern". Die Neuerfassung des Kunden ist
nun abgeschlossen.

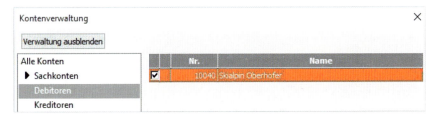

Kontenverwaltung mit fertig angelegtem Debitor

In der Kontenverwaltung sehen Sie auf dem Eintrag „Debitoren", dass der Kunde
Skialpin Oberhofer angelegt ist. Der Kunde kann damit ab sofort bebucht werden.

2.3   Kassenbuchführung

Das Kassenbuch ist als wichtiges Grundbuch der Buchführung auch aus
steuerlichen Gründen zu führen. Unter Berücksichtigung des Bargeldbe-
standes am Beginn eines Tages wird im Kassenbuch durch Aufaddieren und
Saldieren der Kasseneinnahmen und -ausgaben der jeweilige Kassenbestand nachgewiesen. Dabei ist auch eine summarische Ermittlung möglich.
Der Inhalt des Kassenbuches muss mit dem Kassenkonto des Hauptbuches
übereinstimmen.

Kassenbuch-
führung

Für die Erfassung von Kassenbelegen in Lexware ist die Buchungsmaske „Einnahmen/Ausgaben in den Stapel" zu empfehlen.

Vorkontieren und Buchen von Kassenbelegen

> **Vorkontieren und das Buchen der Kassenbelege**

Kontieren Sie zuerst das Kassenbuch vor. Beim Buchen mit „Einnahmen/Ausgaben in den Stapel" ist das Konto „Kasse" bereits vorbelegt. Beim Vorkontieren bestimmen Sie jeweils das Gegenkonto. In der Spalte „BU" geben Sie ein „A" an, wenn es sich bei diesem Vorgang um eine Ausgabe handelt, und ein „E", falls es sich um eine Einnahme handelt. Nach dem Kontieren geht es an das Buchen der Kasse in Lexware.

– Klicken Sie auf der Startseite auf „Einnahmen/Ausgaben in den Stapel".
– Zunächst muss das entsprechende Finanzkonto ausgewählt werden. Klicken Sie auf das Konto „1600 Kasse".
– Die Buchungsmaske „Einnahmen/Ausgaben in den Stapel" wird geöffnet. Das Geldkonto ist bereits mit dem Konto „1600 Kasse" vorbelegt.
– Geben Sie die Buchung für die Position 1 des Kassenbuchs, wie nachfolgend im Beispiel dargestellt, ein.
– Geben Sie im Feld „Datum" das Belegdatum 03.01.2016 ein. Automatisch wird die Periode „1" eingetragen.
– Erstellen Sie ein neues Kürzel für den Belegnummernkreis Kasse „KA-1". Öffnen Sie dazu das Dropdown-Feld und gehen auf „Verwaltung". Geben Sie für das Belegkürzel KA, Bezeichnung „Kasse", eine Nummer unter der ersten Kassenbuchung ein, mit der Sie beim Buchen beginnen möchten. Durch automatisches Hochzählen wird beim ersten Kassenbeleg beim Buchen KA-1 vorgeschlagen. Speichern Sie die Angaben und wählen Sie das neu angelegte Kürzel aus. Im Feld „Kürzel" wählen Sie „KA" aus, im Feld „Nummer" steht nun „KA 1".
– Kontrollieren Sie vor Beginn der Kassenbuchungen, ob der Anfangsbestand stimmt. ❶
– Geben Sie die Buchung für die erste Kassenbewegung wie nachfolgend dargestellt ein.

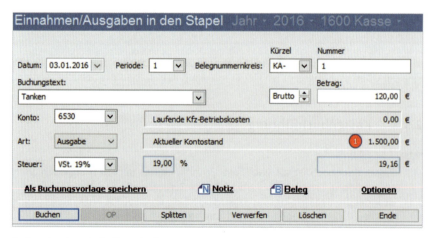

Buchen einer Ausgabe im Kassenbuch

- Sie müssen nur darauf achten, ob es sich bei den Buchungen um eine Einnahme oder Ausgabe handelt. Entsprechend der Eingabe im Feld „Konto" versucht Lexware bereits zu erkennen, ob es sich bei der jeweiligen Buchung um eine Einnahme oder Ausgabe handelt. Entsprechend wird im Feld „Art" bereits die passende Angabe vorbelegt.

Beim Führen des Kassenbuches muss darauf geachtet werden, dass der Kassenstand niemals negativ wird. Ein Bankkonto kann einen positiven oder negativen Saldo haben, eine Kasse niemals.

Führen des Kassenbuches

> **Kontrolle des Steuersatzes**
Geben Sie ein Konto ein, wird in den meisten Fällen auch ein Steuersatz in der Buchungsmaske eingetragen: „USt." für Umsatzsteuer und „VSt." für Vorsteuer. Dieser Steuersatz ist in den Einstellungen des Kontos hinterlegt und darf nicht in allen Fällen einfach geändert werden. Stimmt also der vorgeschlagene Steuersatz beim Buchen nicht mit Ihrem Beleg überein, ist Folgendes zu beachten:
Bei Einnahmen müssen Sie unbedingt das Ertragskonto mit dem richtigen Steuersatz oder die entsprechenden Konten für Sonderfälle wählen, wie z. B. „Steuerfreie innergemeinschaftliche Lieferungen oder § 13b".
Bei Ausgaben können Sie den Steuersatz beispielsweise von „VSt. 19 %" auf „VSt. 7 %" ändern, wenn es sich um eine inländische Rechnung mit Umsatzsteuer handelt.

> **Berichte ansehen – Ihre Buchungen sind noch im Stapel**
In den Menüs „Ansicht" und „Berichte" können Sie die erfassten Buchungen ansehen. Ändern, löschen oder stornieren können Sie die Buchungen nur im Menü „Ansicht". Und Ihre Ergebnisse können Sie nur im Menü „Berichte" drucken.
Wenn alle Buchungen stimmen, können Sie die Buchungen aus dem Stapel verarbeiten.

> **Berichte ansehen und drucken – Ihre Buchungen sind im Journal.**
Sowie der Stapel ausgebucht wurde, sehen Sie Ihre Buchungen im Menü „Ansicht" im Journal und auf den Konten. Im Menü „Berichte" können Sie endgültige Auswertungen drucken. Geben Sie folgende Eingaben an:

Berichte ansehen und drucken

Sachkontoblatt Kasse Januar 2016

JOMA KG , Rosenweg 16, 86152 Augsburg   in EUR

Sachkonten 2016

Konto: 01600 Kasse

	letzte Buchung		EB-Wert		Saldo alt		Jahres-verkehrszahlen alt		
		30.01.2016	0,00 S			0,00 S	0,00 S	0,00 H	

Datum	Beleg Nr.	Buchungstext	Gegen-Konto	Betrag Soll	Haben	USt-Konto	Satz %
01.01	EB-Wert2	Anfangsbestand Kasse	09000	1.500,00			
03.01	KA-1	Tanken	06530		120,00		
03.01	KA-2	Privateinlage	02180	2.000,00			
05.01	KA-3	Kauf Briefmarken	06800		62,00		
07.01	KA-4	Kauf Büromaterial	06815		238,00		
11.01	KA-5	Barverkauf Eigene Erzeugnisse	04401	2.590,00			
11.01	KA-6	Kauf Handelsgesetzbuch	06820		12,00		
13.01	KA-7	Barverkauf Eigene Erzeugnisse	04401	380,00			
18.01	KA-8	Barverkauf Fachbücher	04301	66,00			
18.01	KA-9	Kauf Büromaterial	06815		59,50		
20.01	KA-10	Privatentnahme	02100		500,00		
22.01	KA-11	Bareinzahlung auf Postbankkonto	01460		1.000,00		
24.01	KA-12	Tanken	06530		119,00		
25.01	KA-13	Kauf Büromaterial	06815		52,00		
28.01	KA-14	Blumengeschenk Fa. Sportalpin Oberhofer, Bettina Oberhofer	06610		30,00		
29.01	KA-15	Tanken	06530		83,95		
30.01	KA-16	Kauf Fachzeitschrift für Buchhaltung	06820		19,90		
30.01	KA-17	Bareinzahlung auf Postbankkonto	01460		2.000,00		
Summe				6.536,00	4.296,35		

	gebucht bis		EB-Wert		Saldo neu		Jahres-verkehrszahlen neu		
		31.12.2016	1.500,00 S			2.239,65 S	5.036,00 S	4.296,35 H	

Beispielhafte Kassenbuchführung

In den Versionen „Lexware buchhalter plus" und „pro premium" können Sie über das Menü „Extras" ein Kassenbuch ausdrucken:

JOMA KG , Rosenweg 16, 86152 Augsburg

Kassenbuch

Zeitraum: Januar 2016
Konto: 01600 Kasse

Kassenführer/in:

Einnahme	Ausgabe	Bestand (EUR)	Datum	Bel.-Nr.	Konto	Buchungstext
		1.500,00				
	120,00	1.380,00	03.01.2016	KA-1	06530	Tanken
2.000,00		3.380,00	03.01.2016	KA-2	02180	Privateinlage
	62,00	3.318,00	05.01.2016	KA-3	06800	Kauf Briefmarken
	238,00	3.080,00	07.01.2016	KA-4	06815	Kauf Büromaterial
2.590,00		5.670,00	11.01.2016	KA-5	04401	Barverkauf Eigene Erzeugnisse
	12,00	5.658,00	11.01.2016	KA-6	06820	Kauf Handelsgesetzbuch
380,00		6.038,00	13.01.2016	KA-7	04401	Barverkauf Eigene Erzeugnisse
66,00		6.104,00	18.01.2016	KA-8	04301	Barverkauf Fachbücher
	59,50	6.044,50	18.01.2016	KA-9	06815	Kauf Büromaterial
	500,00	5.544,50	20.01.2016	KA-10	02100	Privatentnahme
	1.000,00	4.544,50	22.01.2016	KA-11	01460	Bareinzahlung auf Postbankkonto
	119,00	4.425,50	24.01.2016	KA-12	06530	Tanken
	52,00	4.373,50	25.01.2016	KA-13	06815	Kauf Büromaterial
	30,00	4.343,50	28.01.2016	KA-14	06610	Blumengeschenk Fa. Sportalpin Oberhofer, Bettina Oberhofer
	83,95	4.259,55	29.01.2016	KA-15	06530	Tanken
	19,90	4.239,65	30.01.2016	KA-16	06820	Kauf Fachzeitschrift für Buchhaltung
	2.000,00	2.239,65	30.01.2016	KA-17	01460	Bareinzahlung auf Postbankkonto
5.036,00	4.296,35	2.239,65				

Anfangsbestand	1.500,00 EUR
Einnahmen	5.036,00 EUR
Ausgaben	-4.296,35 EUR
Endbestand	**2.239,65 EUR**

Ausgedrucktes Kassenbuch

2.4 Lohn-/Gehaltsbuchhaltung

Lohn- und Gehaltsbuchung

Buchungen von Lohn- und Gehaltsabrechnung

Beispiel:

Ausgehend von den Ausführungen im Kapitel 4 „Lohnabrechnungen vorbereiten" buchen Sie im Folgenden die Abrechnung von Mitarbeiter Julian Gerster. Die Abrechnung wurde in der Lohnabrechnung fertiggestellt. Sie erhalten einen Buchungsbeleg für diesen Vorgang.

Lohn und Gehalt – Aufwandsbuchungen
Wenn die Lohn- und Gehaltsabrechnungen abgeschlossen sind, werden zunächst die Aufwandsbuchungen erledigt.

Ausgangssituation:

Mitarbeiter Julian Gerster, Monat Januar 2016. Folgende Zahlen liegen Ihnen vor:	
Bruttogehalt	2.589,60 €
AG-Anteil VWL	20,- €
Lohnsteuer, Soli., KiSt.	112,33 €
SV-Beiträge Arbeitnehmer	527,79 €
Nettogehalt	1933,48 €
VWL Sparbeträge	36,- €
SV-Beiträge Arbeitgeber	508,21 €
Aufwendungen U1, U2, Inso	95,25 €
Gesamtaufwendungen	3.213,06 €

> **Schritt 1: Buchung der Aufwendungen**

Buchungssatz für die Aufwendungen aus der Lohn- und Gehaltsabrechnung:

Soll	Betrag		Haben	Betrag
6010 Löhne	2.589,60 €	an	3790 Verrechnungs-konto Lohn und Gehalt	3.213,06 €
6080 Vermögenswirk-same Leistung	20,- €			
6110 AG-Anteil SV	508,21 €			
6110 Beiträge aus U1, U2, Inso	95,25 €			

Alle Aufwendungen aus Lohn und Gehalt werden im nächsten Schritt nach den Verbindlichkeiten gegliedert. Es werden Zahlungen fällig an die Sozialversicherung, an den Mitarbeiter, an die Bausparkasse für die Vermögensbildung und an das Betriebsstättenfinanzamt.

> **Schritt 2: Buchung der Verbindlichkeiten**

Buchungssatz für die Verrechnung aus der Lohn- und Gehaltsabrechnung:

Soll	Betrag		Haben	Betrag
3790 Verrechnungs- konto Lohn und Gehalt	3.213,06 €	**an**	3730 Verbindlichkei- ten aus Lohn- und Kirchen- steuer	112,33 €
			3759 Voraussichtliche Beitragsschuld gegenüber den Sozialversiche- rungsträgern	1.036,- €
			3759 Voraussichtliche Beitragsschuld gegenüber den Sozialversiche- rungsträgern aus U1, U2, Inso	95,25 €
			3720 Verbindlichkei- ten gegenüber Mitarbeiter	1.933,48 €
			3770 Verbindlichkei- ten Vermögens- bildung	36,- €

> **Schritt 3: Zahlung der Verbindlichkeiten (zu unterschiedlichen Fälligkeiten)**

Buchungssatz für die Bezahlung von Verbindlichkeiten.

Soll	Betrag		Haben	Betrag
Jeweiliges Verbindlich- keitenkonto (3759, 3720, 3730, 3770)		**an**	1701 Postbankkonto	

In Lexware legen Sie für Lohnbuchungen einen eigenen Nummernkreis LG-1 an. Buchen Sie die Vorgänge als Splittbuchung.

Belegprüfung

2.5 Belegprüfung

Kreditorische Rechnungsprüfung

Im kreditorischen Bereich der Buchhaltung sind die unterschiedlichen Eingangsrechnungen und, falls erforderlich, auch zusätzliche Unterlagen über den Geschäftsvorfall (Aufträge, Verträge, Lieferscheine, Frachtbriefe etc.) auf die umsatzsteuerliche Behandlung hin zu untersuchen, um eine zutreffende Buchung auszulösen. Die erforderlichen Zahlen für die Umsatzsteuer-Voranmeldung sind dabei durch das Ansprechen entsprechender Konten aufzubereiten.

Eingangsrechnung auf Vollständigkeit prüfen – Mindestangaben

Pflichtangaben
Eingangs-
rechnungen

Welche Pflichtangaben eine Eingangsrechnung enthalten muss, damit der Vorsteuerabzug getätigt werden kann, hängt von der Höhe des Rechnungsbetrags ab. Hier sind vor allem zu unterscheiden:

> Rechnungen mit einem Bruttorechnungsbetrag bis zu 150,- €.

> Rechnungen mit einem Bruttorechnungsbetrag von mehr als 150,- €.

> Rechnungen über Teilleistungen/Anzahlungen und die Schlussrechnung zu diesen Leistungen.

> Rechnungen, bei denen der Rechnungsempfänger die Umsatzsteuer nach § 13b Umsatzsteuergesetz schuldet.

2.5.1 Rechnungen mit einem Bruttorechnungsbetrag bis zu 150,- €

Rechnungs-
betrag bis 150,- €

Bei Kleinbetragsrechnungen mit einem Bruttorechnungsbetrag bis 150,- € müssen für den Vorsteuerabzug nur folgende fünf Pflichtangaben auf der Eingangsrechnung geprüft werden:

> Name und Anschrift des leistenden Unternehmers.

> Menge und handelsübliche Bezeichnung des Gegenstandes der Lieferung oder Art und Umfang der sonstigen Leistung.

> Entgelt und der Steuerbetrag für die Lieferung oder sonstige Leistung in einer Summe.

> Steuersatz für die Umsatzsteuer oder Hinweis auf Steuerbefreiung.

> Das Ausstellungsdatum der Rechnung.

Ein gesonderter Umsatzsteuerausweis muss damit nicht erfolgen. Auch der Zeitpunkt der Leistung und Angaben über den Leistungsempfänger sind nicht notwendig. Keine Kleinbetragsrechnung liegt vor, wenn das leistende Unternehmen für eine Leistung mehrere Rechnungen erstellt, die jeweils unter 150,- € betragen. Für den Vorsteuerabzug müssen Sie den Rechnungsbetrag in ein Entgelt für die Leistung und in den Steuerbetrag (Vorsteuer) aufsplitten.

2.5.2 Rechnungen mit einem Bruttorechnungsbetrag von mehr als 150,- €

Pflichtangaben

> Vollständiger Name und vollständige Anschrift des leistenden Unternehmers und des Leistungsempfängers.

> Die dem leistenden Unternehmer vom Finanzamt erteilte Steuernummer oder bei innergemeinschaftlichen Lieferungen und sonstigen Leistungen die ihm vom Bundeszentralamt für Steuern erteilte Umsatzsteuer-Identifikationsnummer.

> Das Ausstellungsdatum.

> Eine Rechnungsnummer mit einer oder mehreren Zahlenreihen, die zur Identifizierung der Rechnung vom Rechnungsaussteller einmalig vergeben wird (auch in einem Vertrag, z. B. Miet-, Pacht-, Leasing- oder Wartungsvertrag muss die Vertragsnummer angegeben sein, sonst ist kein Vorsteuerabzug möglich).

> Die Menge und die Art (handelsübliche Bezeichnung) der gelieferten Gegenstände oder der Umfang und die Art der sonstigen Leistung.

> Der Zeitpunkt der Lieferung oder sonstigen Leistung. (Es genügt auch ein Hinweis auf den Lieferschein/Nummer, evtl. den Lieferschein zur Rechnung heften.)

> Zeitpunkt der Vereinnahmung des Entgelts oder eines Teils des Entgelts, sofern der Zeitpunkt der Vereinnahmung feststeht und nicht mit dem Ausstellungsdatum der Rechnung übereinstimmt.

> Das nach Steuersätzen und einzelnen Steuerbefreiungen aufgeschlüsselte Entgelt für die Lieferung oder sonstige Leistung sowie jede im Voraus vereinbarte Minderung des Entgelts (Boni, Skonti), sofern sie nicht bereits im Entgelt berücksichtigt ist.

> Der anzuwendende Steuersatz sowie der auf das Entgelt entfallende Steuerbetrag oder im Fall einer Steuerbefreiung ein Hinweis darauf, dass für die Lieferung oder sonstige Leistung eine Steuerbefreiung gilt.

> Im Falle einer Steuerbefreiung ein Hinweis darauf, dass für die Leistung oder sonstige Lieferung eine Steuerbefreiung gilt.

2.5.3 Rechnungen über Teilleistungen/Anzahlungen und die Schlussrechnung zu diesen Leistungen

In der Unternehmenspraxis sind der Erhalt von Anzahlungs- und Teilrechnungen inzwischen Standard. Zur Vorfinanzierung größerer Projekte ist eine Aufteilung in Vor- und Teilleistungen notwendig. Ist eine Leistung grundsätzlich teilbar, kann auch über Teilleistungen abgerechnet werden. Die Umsatzsteuer entsteht mit Vollbringen der jeweiligen Teilleistung. Maßgebend ist der Steuersatz, der zum Zeitpunkt der Vollendung der Teilleistung gilt. Sowohl bei Rechnungen über Anzahlungen als auch bei Abrechnung von Teilleistungen ist die Umsatzsteuer auszuweisen. In der Endrechnung (= Schlussrechnung) ist auf die vorherigen Rechnungen und Zahlungen hinzuweisen. Ist die Leistung nicht teilbar und werden Anzahlungen geleistet, entsteht die Umsatzsteuer mit Vereinnahmung der Vorauszahlungen.

Eingangsrech-
nungen mit
ausländischer
Mehrwertsteuer

Eingangsrechnung mit ausländischer Mehrwertsteuer auf den Vorsteuerabzug prüfen

Bei Eingangsrechnungen, die eine ausländische Umsatzsteuer ausweisen, sollten Sie prüfen, ob Sie sich die Steuer im Ausland erstatten lassen können. Dies ist für deutsche Unternehmer grundsätzlich in allen EU-Staaten im Rahmen des Vorsteuervergütungsverfahrens möglich. Zum Teil gibt es allerdings nationale Besonderheiten bei der Erstattungsfähigkeit, und die Vorsteuerbeträge für bestimmte Ausgaben (z. B. Pkw-Kosten, Mietwagen, Hotelübernachtung) sind in einigen Staaten nicht erstattungsfähig.

Auch in einigen wenigen Drittländern (z. B. Schweiz, Norwegen) können Sie sich als deutscher Unternehmer die nationale Mehrwertsteuer erstatten lassen.

Bekommen Sie die Umsatzsteuer nicht vergütet, buchen Sie die ausländische Umsatzsteuer zusammen mit den Aufwendungen als Betriebsausgabe bzw. ist diese zu aktivieren.

2.5.4 Rechnungen, bei denen der Rechnungsempfänger die Umsatzsteuer nach § 13 b Umsatzsteuergesetz schuldet

Umsatzsteuer-
schuldnerschaft
des Leistungs-
empfängers

> **Umsatzsteuerschuldnerschaft des Leistungsempfängers (Reverse Charge)**
Bei Eingangsrechnungen über innergemeinschaftliche Lieferungen und Warenverkehr ohne Umsatzsteuerausweis ist zu prüfen, ob auf der Eingangsrechnung die Angabe der USt-Id-Nr. des Lieferanten und die USt-Id-Nr. Ihres Unternehmens vermerkt ist, außerdem der Hinweis auf steuerfreie innergemeinschaftliche Lieferung. Diese Lieferungen sind grundsätzlich umsatzsteuerfrei im Herkunftsland und unterliegen im Bestimmungsland beim Empfänger der Lieferung der Erwerbsbesteuerung.

Reverse-
Charge-
Verfahren

Erbringen in einem anderen EU-Mitgliedstaat ansässige Unternehmen Leistungen an ein Unternehmen in Deutschland, übernimmt der deutsche Leistungsempfänger die Umsatzsteuerschuld des Leistenden in seiner Umsatzsteuervoranmeldung bzw. Umsatzsteuererklärung (sog. Reverse Charge). Der ausländische Unternehmer (Ihr Lieferant) erteilt eine Netto-Rechnung, und die Umsatzsteuer wird vom Leistungsempfänger (Ihr Handwerksbetrieb) im Rahmen der Umsatzsteuervoranmeldung angemeldet.

> **Eingangsrechnung – Empfangene Lieferung/Leistung § 13b UStG**
Empfangen Sie eine Lieferung oder Leistung nach § 13b UStG, erhalten Sie eine Rechnung ohne Umsatzsteuer. In diesem Fall müssen Sie die Umsatzsteuer ermitteln und an das Finanzamt abführen. Wenn Ihr Unternehmen zum Vorsteuerabzug berechtigt ist, können Sie diese Umsatzsteuer als Vorsteuer abziehen.

Eingangsrechnung § 13b UStG Steuerschuldumkehr (Reverse Charge-Verfahren)

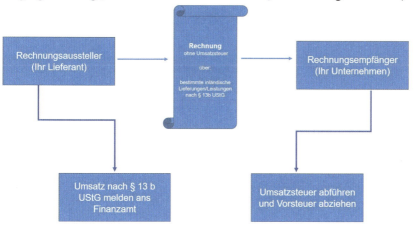

Umkehrung der Steuerschuldnerschaft (Reverse Charge)

Die Steuerschuldumkehr, auch Reverse Charge-Verfahren genannt, gilt für folgende inländische Leistungen:

> Wenn das Unternehmen selbst Bauleistungen ausführt und Geschäfte mit anderen bauleistenden Unternehmen macht.

> Wenn das Unternehmen selbst Gebäudereinigungsleistungen ausführt und Geschäfte mit anderen Gebäudereinigungsfirmen macht.

2.6 Kontierung und Verbuchung

2.6.1 Erfassung der kreditorischen Eingangsrechnungen

Konten neu anlegen für die Kreditorenbuchhaltung

Kontierung und Verbuchung

Kreditorische Eingangsrechnung

■■■■ Beispiel:

Die JOMA KG möchte ihre Einkäufe auf verschiedenen Aufwandskonten buchen. Es werden neue Konten angelegt.

Einkauf von Stoffen
5131   Einkauf RHB 19 % VSt.
5401   WE Handelswaren 19 % VSt.
5301   WE Fachbücher für Sport und Funktion

Ein neues Konto wird am einfachsten durch Kopieren eines bereits bestehenden Kontos angelegt. Um das Konto „5131 Einkauf RHB 19 % VSt". anzulegen, gehen Sie wie nachfolgend dargestellt vor:

Suchen Sie im Kontenplan das Konto „5130 Einkauf – Roh-, Hilfs- und Betriebsstoffe 19 % Vorsteuer".

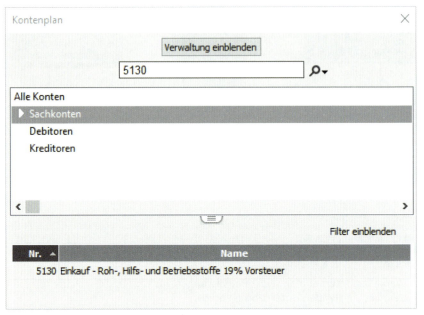

Anlage eines neuen Kreditorenkontos

Klicken Sie mit der rechten Maustaste auf das Konto „5130 Einkauf – Roh-, Hilfs- und Betriebsstoffe 19 % Vorsteuer" und wählen Sie die Schaltfläche „Konto kopieren".

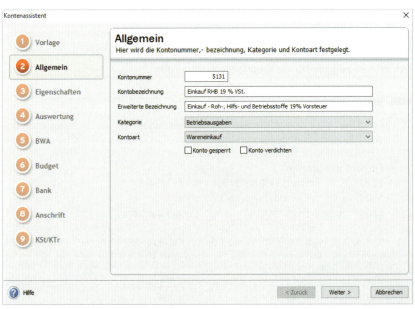

Neuanlage Konto „5131 Einkauf RHB 19 % VSt."

Geben Sie im Feld „Kontonummer" die Kontennummer 5131 ein und benennen Sie die Kontenbezeichnung in „Einkauf RHB 19 % VSt." um. Klicken Sie auf „Weiter".

Eigenschaften – Vorsteuer

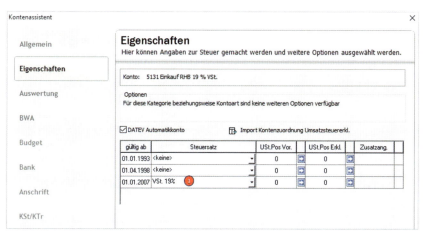

Neuanlage Konto „5131 Einkauf RHB 19 % VSt." mit Angaben zur Vorsteuer

Wird beim Buchen eines Kontos wie hier in diesem Beispiel das Konto „5131 Einkauf RHB 19 % VSt." angesprochen, bei dem ein Vorsteuersatz angegeben ist, so wird das Konto automatisch nur mit dem Nettowert gebucht. Die Vorsteuer wird entsprechend den Einstellungen (in diesem Fall 19 % Vorsteuer) errechnet und auf das bei den Steuersätzen hinterlegte Vorsteuer-Konto (in diesem Fall „1406 abziehbare Vorsteuer 19 %") gebucht. Für den Bereich der Vorsteuer sind hauptsächlich die Konten „1406 abziehbare Vorsteuer 19 %" und „1401 abziehbare Vorsteuer 7 %" von Bedeutung. Bei den Steuersätzen wird der Wert der Steuer von einem gebuchten Bruttorechnungsbetrag herausgerechnet bzw. bei einem Nettobetrag dazugerechnet.

Im Konto „5131 Einkauf RHB 19 % Vorsteuer" ist der hinterlegte Steuersatz ❶ ersichtlich.

Übernehmen Sie die weiteren Einstellungen und speichern Sie diese.

Legen Sie die Konten „5401 WE Handelswaren 19 % VSt.", kopiert von „5400 Wareneingang 19 % Vorsteuer", und „5301 WE Fachbücher für Sport und Funktion", kopiert von „5300 Wareneingang 19 % Vorsteuer", ebenfalls wie beschrieben an.

> **Vorkontieren und das Buchen der Eingangsrechnung**

In der Stammdatenpflege Ihres Handwerksunternehmens wurden inzwischen die Voraussetzungen geschaffen, um Eingangsrechnungen zu buchen.

Beim Buchen von Eingangsrechnungen sind besondere Punkte zu beachten:

— Das Personenkonto des Kreditors ist zwingend anzugeben.
— Das Feld „Belegnummer" ist mit der eindeutigen Belegnummer der Rechnung zu füllen.
— Für die hinterlegten Zahlungskonditionen und den Zahlungsverkehr ist das Belegdatum der Eingangsrechnung zu erfassen.

Vorkontieren und Buchen von Eingangsrechnungen

Gerhard Müller OHG
Klausenberg 16
52062 Aachen

EINGEGANGEN
07.01.2016
Erl.: ....

JOMA KG			
Sportmode und Sportartikel	Rechnung Nr.		11521
Rosenweg 16	Rechnungsempfänger		JOMA KG
86152 Augsburg	Rechnungsdatum		05.01.2016
	Telefon		0241 78954
	E-Mail		g.mueller@mueller-ohg.de
	Kundennummer		10115
Zahlungsbedingungen:	Lieferantennummer		70010
14 Tage 2% oder 30 Tage netto	Lieferscheinnummer		1521
	Lieferscheindatum		03.01.2016

Menge	Beschreibung	Einzelpreis	Betrag
1.000,0	Fleece 200 gr schwarz	5,90 €	€ 5.900,00

Netto			€ 5.900,00
MwSt	19%		€ 1.121,00
Rechnungsbetrag			€ 7.021,00

Sparkasse Aachen

IBAN: DE06 3905 0000 0000 0266 66

BIC: AACSDE33XXX

Steuernummer: 241/4569/9874

Vielen Dank für Ihren Auftrag!

Eingangsrechnung der Gerhard Müller OHG

a) Eingangsrechnung buchen

Allgemeiner Buchungssatz ohne Buchhaltungssoftware:

5131 Einkauf RHB 19 % VSt.	5.900,- €	an	70010 Kreditor Gerhard Müller OHG	7.021,- €
1406 abziehbare Vor-steuer 19 %	1.121,- €			

Das Vorkontieren auf dem Eingangsrechnungsbeleg erledigen Sie wie folgt:

5131 Einkauf RHB 19 % VSt.	an	70010 Kreditor Gerhard Müller OHG	7.021,- €

Durch die automatische Vorsteuerbuchung (in den Eigenschaften des Kontos „5131 Einkauf RHB 19 % VSt." wurde die Vorsteuer bereits hinterlegt), müssen Sie beim Vorkontieren auf die Vorsteuer nicht eingehen.

Um die obige Eingangsrechnung zu buchen, gehen Sie in Lexware wie folgt vor:

> Klicken Sie auf der Startseite auf „Stapelbuchen".

> Geben Sie im Feld „Datum" das Rechnungsdatum 05.01.2016 ein. Automatisch wird die Periode 1 eingetragen.

> Erstellen Sie ein neues Kürzel für den Belegnummernkreis „Eingangsrechnun-gen". Öffnen Sie dazu das Dropdown-Feld und gehen Sie auf „Verwaltung". Ge-ben Sie die nachfolgenden Angaben ein. Das Häkchen „Automatisch Hochzäh-len" deaktivieren Sie, da jede Eingangsrechnung unterschiedlicher Lieferanten auch unterschiedliche Nummern aufweisen. Speichern Sie die Angaben und wählen Sie das neu angelegte Kürzel aus. Geben Sie im Feld „Nummer" die Ein-gangsrechnungsnummer „11521" ein.

Belegnummern			❓ Help&News ✕

Erfassen Sie die Daten bitte direkt in der Tabelle.

Kürzel	Bezeichnung	Stand	autom. Hochzählen
	Standard	0	☑
ER-	Eingangsrechnungen	0	☐
			☐

Belegnummernkürzel

> Im Feld Buchungstext geben Sie „Gerhard Müller OHG, Rohstoffe" ein.
> **Info:** Wichtig sind im Zusammenhang mit der Offenen-Posten-Buchhaltung das Belegdatum, die Belegnummer und der eindeutige Buchungstext.

> Geben Sie im Feld „Betrag" den Bruttorechnungsbetrag von 7.021,- € ein.

> Geben Sie im Feld „Soll" das Konto „5131 Einkauf RHB 19 % VSt." ein. Im Feld „Steuer" wird nun automatisch die Vorsteuer mit 19 % und der Betrag mit 1.121,- € angezeigt.

> Geben Sie im Feld „Haben" das Kreditorenkonto vom Lieferanten „70010 Gerhard Müller OHG" ein.

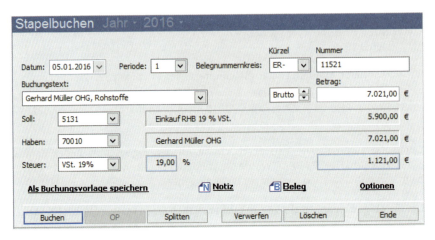

Buchungsmaske zur Eingangsrechnung

> Übernehmen Sie die Buchung, indem Sie auf die Schaltfläche „Buchen" klicken oder die Enter-Taste drücken.

Eingangsrech-
nungen buchen –
Splittbuchung

b) Eingangsrechnung buchen – Splittbuchung

In der buchhalterischen Praxis kommt es häufig vor, dass beim Buchen eines Beleges nicht nur ein Sachkonto/Aufwandskonto angesprochen wird, sondern mehrere.

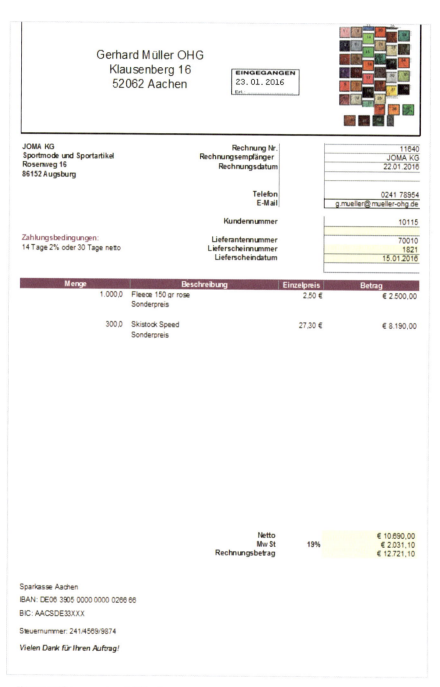

Gerhard Müller OHG
Klausenberg 16
52062 Aachen

EINGEGANGEN
23. 01. 2016
Erl.:

JOMA KG	Rechnung Nr.	11640
Sportmode und Sportartikel	Rechnungsempfänger	JOMA KG
Rosenweg 16	Rechnungsdatum	22.01.2016
86152 Augsburg		
	Telefon	0241 78954
	E-Mail	g.mueller@mueller-ohg.de
	Kundennummer	10115

Zahlungsbedingungen:
14 Tage 2% oder 30 Tage netto

Lieferantennummer	70010
Lieferscheinnummer	1821
Lieferscheindatum	15.01.2016

Menge	Beschreibung	Einzelpreis	Betrag
1.000,0	Fleece 150 gr rose	2,50 €	€ 2.500,00
	Sonderpreis		
300,0	Skistock Speed	27,30 €	€ 8.190,00
	Sonderpreis		

Netto		€ 10.690,00
Mw St	19%	€ 2.031,10
Rechnungsbetrag		€ 12.721,10

Sparkasse Aachen

IBAN: DE06 3905 0000 0000 0266 66

BIC: AACSDE33XXX

Steuernummer: 241/4569/9874

Vielen Dank für Ihren Auftrag!

Eingangsrechnung zu einer Splittbuchung

Allgemeiner Buchungssatz ohne Buchhaltungssoftware:

5131 Einkauf RHB 19 % VSt.	2.500,- €	an	70010 Kreditor Gerhard Müller OHG	12.721,10 €
5401 WE 19 % VSt.	8.190,- €			
1406 abziehbare Vor-steuer 19 %	2.031,10 €			

Das Vorkontieren auf dem Eingangsrechnungsbeleg erledigen Sie wie folgt:

5131 Einkauf RHB 19 % VSt.	2.500,- €	an	70010 Kreditor Gerhard Müller OHG	12.721,10 €
5401 WE 19 % Vorsteuer	8.190,- €			

Um die Eingangsrechnung zu buchen, gehen Sie in Lexware wie folgt vor:

> Klicken Sie auf der Startseite auf „Stapelbuchen".

> Geben Sie im Feld „Datum" das Rechnungsdatum 22.01.2016 ein. Automatisch wird die Periode 1 eingetragen.

> Wählen Sie das angelegte Kürzel „ER-" aus. Geben Sie im Feld „Nummer" die Eingangsrechnungsnummer „11640" ein.

> Im Feld „Buchungstext" geben Sie „Gerhard Müller OHG" ein.

> Geben Sie im Feld „Betrag" den Bruttorechnungsbetrag von 12.721,10 € ein.

> Lassen Sie das Feld „Soll" leer, hier erfolgt die Sollsplittung.

> Geben Sie im Feld „Haben" das Kreditorenkonto vom Lieferanten „70010 Gerhard Müller OHG" ein.

> Klicken Sie auf die Schaltfläche „Splitten".

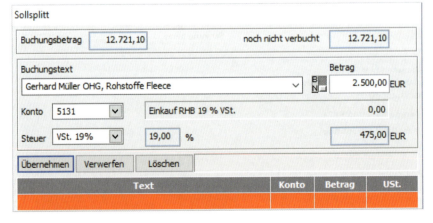

Eingangsrechnung – Sollsplitt

> Die Erfassungsmaske „Sollsplitt" wird geöffnet. Sie zeigt den Bruttogesamtbetrag der Eingangsrechnung von 12.721,- € an. Der Buchungstext wird automatisch übernommen (Menüpunkt „Extras I Optionen I Registerkarte Buchen", Häkchen bei „Buchungstext in die Splittmaske übernehmen"). Erweitern Sie den Buchungstext, indem Sie „Rohstoffe Fleece" hinzufügen.

> Wählen Sie im Feld „Brutto/Netto" die Option „Nettobuchung" aus und geben Sie dann den Nettobetrag der Rechnungsposition 1 für die Rohstoffe Fleece von 2.500,- € ein.

> Im Feld „Konto" geben Sie das Konto „5131 Einkauf RHB 19 % VSt." an. Der Betrag der Vorsteuer wird vom Programm automatisch ermittelt.

> Klicken Sie auf die Schaltfläche „Übernehmen". Die Splittbuchung wird nun in die Erfassungszeile übernommen und wandelt den Nettobetrag in den Bruttobetrag um. Der noch nicht gebuchte Restbetrag von 9.746,- € Brutto wird in der Buchungsmaske angezeigt.

> Im Buchungstext ändern Sie den Eintrag auf „HW Skistock Speed" um.

> Übernehmen Sie im Feld „Brutto/Netto" die Einstellung „Netto".

> Im Feld „Betrag" geben Sie den Nettobetrag der 2. Position der Eingangsrechnung von 8.190,- € ein.

> Im Feld „Konto" geben Sie das Konto „5401 WE 19 % VSt." an. Der Betrag der Vorsteuer wird wieder vom Programm automatisch ermittelt.

> Klicken Sie auf die Schaltfläche „Übernehmen".

> Der zu verbuchende Restbetrag ist jetzt 0,- €. Die Splittbuchung ist damit beendet.

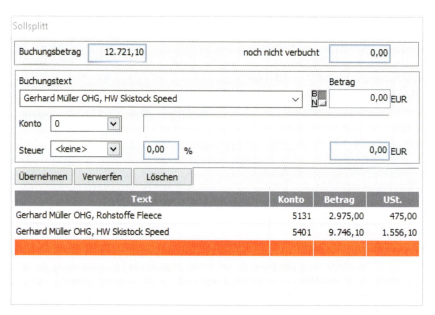

Eingangsrechnung – Sollsplitt

> Wählen Sie „Schließen" und klicken Sie anschließend in der Stapelbuchungs-
maske auf „Buchen".

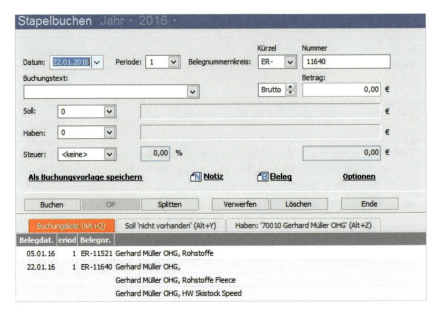

Fertiggestellte Splittbuchung

Die Splitteingangsrechnung ist hiermit erfasst.

Offene Posten verwalten

Verwaltung der offenen Posten

Die Offene-Posten-Buchführung ist eine Nebenbuchführung der Finanzbuchhaltung. Hauptmerkmal ist dabei, dass mit Personenkonten (Kreditorenkonten) gebucht wird. Der Verbindlichkeitenbetrag wird automatisch auf das Sammelkonto
„3300 Verbindlichkeiten aus Lieferungen und Leistungen" gebucht. Die Offe-
ne-Posten-Buchhaltung bringt einige Vorteile:

> Die Programmfunktionen werden durch die Offene-Posten-Buchhaltung erwei-
tert.

> Zahlungskonditionen, die dem Kreditor hinterlegt wurden, werden beim Bu-
chen von Skontobuchungen geprüft und können übernommen werden.

> Die Pflege des Kontokorrents wird durch die Offene-Posten-Listen erleichtert,
und es können Offene-Posten-Listen ausgedruckt werden.

> Für automatischen Zahlungsverkehr ist die Offene-Posten-Buchführung zwin-
gende Voraussetzung.

Zu den klassischen Berichten der Kreditorenbuchhaltung zählen Auswertungen,
wie die Kreditoren-Offene-Posten-Liste oder die Kreditorensaldenliste, zu einem
bestimmten Stichtag.

Zur Kontrolle Ihrer offenen Posten bietet Ihnen das Programm eine Liste aller offenen Rechnungen an. Beachten Sie, dass in dieser Liste nur die offenen Posten angezeigt werden, die im Journal stehen.

Offene Posten Kreditoren

Veranlassung der Zahlung

Die fristgerechte Begleichung einer Rechnung, also die Analyse der Fälligkeitsstruktur und die Auszahlung des geschuldeten Betrags an den Kreditor sind eine Selbstverständlichkeit in der Kreditorenbuchhaltung. Beachten sollte man hierbei die Zahlungsfristen der Kreditoren und die eigene Liquiditätssituation. Das Ausnutzen von Skonto sollte auf jeden Fall in Anspruch genommen werden, wenn dies auf der Eingangsrechnung vermerkt ist.
Sie haben die Möglichkeit, in Lexware den automatischen Zahlungsverkehr zu nutzen. Es können Zahlungsvorschläge erstellt, bearbeitet und termingerecht abgewickelt werden.
Sie können Lieferantenrechnungen online, aber auch per Überweisungsformular oder Scheck bezahlen.

Zahlung veranlassen

Online

Mit dem integrierten Lexware Onlinebanking können Sie Überweisungen an Ihre Lieferanten an die zuständige Bank online abwickeln. Dabei besteht jedoch immer ein Sicherheitsbedenken, da die Daten über Internet an die Bank übermittelt werden. Das Onlinekonto muss natürlich exakt eingerichtet und mit der Bank abgestimmt werden.

c) Buchung des Kontoauszugs – Bezahlung von Eingangsrechnungen

Das Buchen von Bankkontoauszügen für bezahlte Eingangsrechnungen erledigen Sie im Programm „Lexware buchhalter" mit der Stapelbuchungsmaske.
Der Bankauszug der Postbank liegt Ihnen vor und lautet wie folgt:

Kontoauszug buchen und bezahlen

Postbank			KONTOAUSZUG	

Kontonummer	Datum	Umsatzzeitraum	Auszug	Blatt
59323287	31.01.2016	Januar 2016	4	1
Kontoinhaber		Kontohinweis		
JOMA KG				
		Filiale		
		Filiale Augsburg		
		Ansprechpartner	Telefon	
		Frau Winter	0821 25919-37	

Buchungstag	Buchungsinformation	Zu Ihren Lasten	Zu Ihren Gunsten
	Kontostand per 15.01.2016		7.850,00 €
Pos. 1 25.01.	Gerhard Müller OHG, Re-Nr. 11521	7.021,00 €	
Pos. 2 25.01.	Skialpin Oberhofer, Re-Nr. 2101		31.320,80 €
Pos. 3 30.01.	Gerhard Müller OHG, Re-Nr. 11640 - 2 % Sk.	12.466,68 €	
Pos. 4 30.01.	Skialpin Oberhofer, Re-Nr. 2111 - 3 % Sk.		27.564,68 €
	Neuer Kontostand	31.01.2016	47.247,80 €

Kontoauszug Postbank

Der Kontoauszug muss zunächst kontiert und kann anschließend gebucht werden. Es werden nachfolgend nur die Kreditorenzahlungen (Positionen 1 und 3 des Kontoauszugs) gebucht. Die eingegangenen Kundenrechnungen werden im Abschnitt 2.6.2 „Erfassung der Ausgangsrechnungen" behandelt.

Das Vorkontieren auf dem Kontoauszug erledigen Sie wie folgt:

Pos. 1 25.01. Zahlung der Eingangsrechnung Nr. 11521, Kreditor Gerhard Müller OHG				
70010 Gerhard Müller OHG	7.021,- €	an	1701 Postbank	7.021, - €
Pos. 3 30.01. Zahlung der Eingangsrechnung Nr. 11640 abzgl. 2 % Skonto Kreditor Gerhard Müller OHG				
70010 Gerhard Müller OHG	12.466,68 €	an	1701 Postbank	12.466,68 €

Die Position 1 des Kontoauszugs buchen

Um die Position 1 aus dem Kontoauszug zu buchen, gehen Sie wie nachfolgend beschrieben vor:

> Klicken Sie auf der Startseite auf „Stapelbuchen".

> Geben Sie im Feld „Datum" das Kontoauszugsdatum 31.01.2016 ein. Automatisch wird die Periode 1 eingetragen.

> Legen Sie für die Postbank einen neuen Belegnummernkreis mit dem Kürzel „PB I Postbank" an und wählen Sie das neue Kürzel aus. Geben Sie im Feld „Nummer" die Kontoauszugsnummer 4 ein.

> Im Feld „Buchungstext" geben Sie „Zahlungsausgang Gerhard Müller OHG, ER-11521" ein.

> Im Feld „Betrag" geben Sie 7.021,- € lt. Kontoauszug ein.

> Konto im Soll: 70010 Gerhard Müller OHG.

> Konto im Haben: 1701 Postbank.

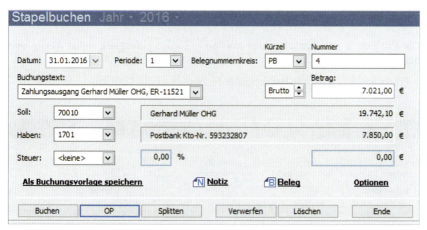

Zahlungsausgang Gerhard Müller OHG (ohne Skonto)

> Gehen Sie mit der Eingabe-Taste weiter. Automatisch kommen Sie auf die
Schaltfläche „OP".

> Das Programm hat den offenen Posten, die ER-11521, automatisch über den Betrag ausgewählt. Da dieser Betrag korrekt auch der offene Posten ist, ist die
Schaltfläche „Buchen" sofort aktiviert.

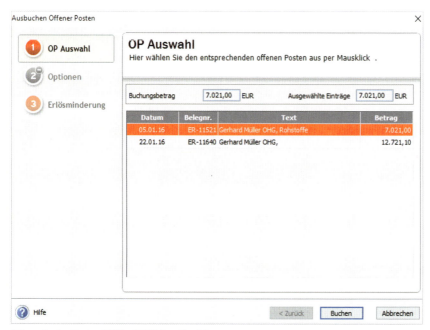

Offener Posten Gerhard Müller OHG (ohne Skonto)

> Übernehmen Sie den Ausgleich des offenen Postens, indem Sie auf die Schaltfläche „Buchen" klicken.
> **Info:** Die Schaltfläche „OP" ist nach der Buchung inaktiv, da der offene Posten über die Schaltfläche „OP" ausgebucht wurde. Sollte ein Fehler in der Buchung aufgetreten sein, kann die Buchung nur gelöscht werden. Sie muss anschließend nochmals neu eingeben werden.

Die Position 3 des Kontoauszugs buchen – Zahlungsausgang unter Abzug von Skonto

> Erfassen Sie wie gerade beschrieben die Position 3 des Kontoauszugs und klicken Sie auf „OP".

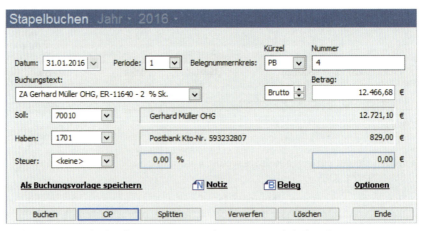

Zahlungsausgang Gerhard Müller OHG – Eingangsrechnung Nr. 11640 (mit Skonto)

> Der Buchungsbetrag weicht vom OP „ER-11640" ab. Klicken Sie daher auf die Schaltfläche „Weiter".

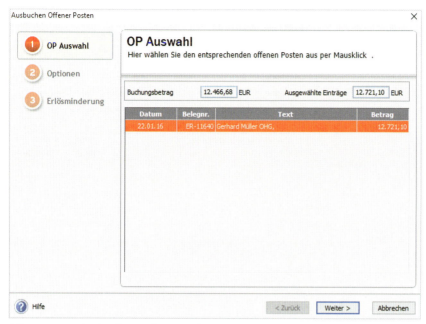

Offener Posten Gerhard Müller OHG (mit Skonto)

> Die Option „Ausbuchen des Differenzbetrages als Minderung" ist automatisch vorbelegt. Das Programm stellt den Differenzbetrag zwischen Eingangsrechnung und Zahlbetrag als Betrag 254,42 € und prozentual 2 % dar.

> Klicken Sie auf die Schaltfläche „Weiter".

> Im letzten Schritt geben Sie im Feld „Konto" das Minderungskonto 5736 für „Erhaltene Skonti 19 % VSt." ein.

> Verteilen Sie die Skontobeträge prozentual auf die einzelnen Positionen.

> Übernehmen Sie anschließen die Buchung, indem Sie auf die Schaltfläche „Buchen" klicken.

> Schließen Sie das Buchungsfenster und verarbeiten Sie den Stapel, indem Sie über Menü „Buchen" den Befehl „Stapel ausbuchen" wählen.

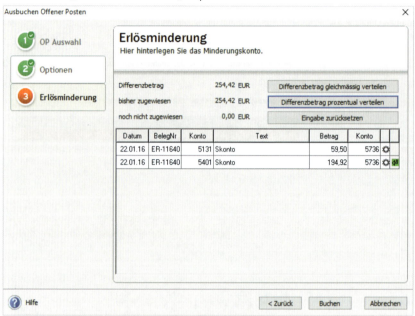

Zahlungsausgang Gerhard Müller OHG – Erhaltene Skonti 19 % VSt.

> Das Programm stellt die Buchung im Buchungsstapel wie folgt dar:

Abgeschlossener Zahlungsausgang für die Gerhard Müller OHG

> Über „Menü Ansicht OP-Kreditoren Kreditor 70010" stellen Sie fest, dass beim Lieferanten Gerhard Müller OHG keine offenen Rechnungen vorhanden sind.

> Über „Menü Ansicht Kreditorenkonto Kreditor 70010" sind alle Buchungen, Rechnungseingänge und Rechnungszahlungen vermerkt.

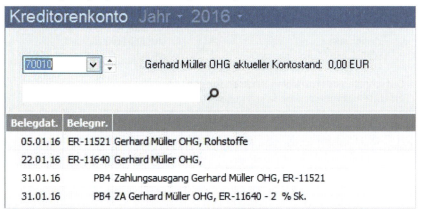

Kreditorenkonto Jahr - 2016 -

| 70010 | Gerhard Müller OHG aktueller Kontostand: 0,00 EUR |

Belegdat.	Belegnr.	
05.01.16	ER-11521	Gerhard Müller OHG, Rohstoffe
22.01.16	ER-11640	Gerhard Müller OHG,
31.01.16	PB4	Zahlungsausgang Gerhard Müller OHG, ER-11521
31.01.16	PB4	ZA Gerhard Müller OHG, ER-11640 - 2 % Sk.

Kreditorenkonto

Archivierung der Eingangsrechnungen

Archivierung

Zur Erfüllung der gesetzlich vorgeschriebenen Aufbewahrungsfrist müssen kreditorische Rechnungen in Deutschland 10 Jahre lang aufbewahrt werden. Zu diesem Zweck werden alle Rechnungen nach der Verbuchung meistens chronologisch und alphabetisch sortiert, in Ordnern, Kisten oder ähnlichen Ablagesystemen abgelegt und in dafür vorgesehenen Räumen gelagert. Nach Ablauf der Aufbewahrungsfrist können diese physisch vernichtet werden. Es ist zulässig, die kreditorischen Rechnungen anstatt in Papierform in einem speziellen elektronischen Archiv aufzubewahren. Dabei werden alle bereits gebuchten Rechnungen gescannt und auf einem Datenträger gespeichert. Nachdem sichergestellt wurde, dass alle Belege lückenlos gescannt worden sind, können die dazugehörigen Papierbelege vernichtet werden.

d) Buchung weiterer möglicher Eingangsrechnungen

Weitere Eingangsrechnungen

> **Innergemeinschaftlicher Erwerb**
Kauft Ihr Handwerksbetrieb Waren oder andere Gegenstände in einem anderen EU-Land umsatzsteuerfrei, so wird dieser innergemeinschaftliche Erwerb nach § 1a UStG im Inland der Umsatzsteuer unterworfen. Die Umsatzsteuer aus dem innergemeinschaftlichen Erwerb bucht der Handwerksbetrieb auf das Konto „3804 Umsatzsteuer aus innergemeinschaftlichen Erwerb 19 %".

Innergemeinschaftlicher Erwerb

Ist Ihr Unternehmen zum Vorsteuerabzug berechtigt, können Sie die Umsatzsteuer aus dem innergemeinschaftlichen Erwerb gleichzeitig wieder als Vorsteuer abziehen.

Buchungssatz:

Soll		an	Haben	
1404 Abziehbare Vor-steuer aus EG-Erwerb 19 %	Betrag	an	3804 Umsatzsteuer aus EG-Erwerb 19 %	Betrag

Gutschriften aufgrund von Rücksendungen

> **Gutschriften aufgrund von Rücksendungen**
> Ihr Unternehmen sendet falsch gelieferte Ware zurück.

Buchungssatz:

Soll		an	Haben	
Kreditor	Betrag	an	5401 WE HW 19 %	Betrag

Preisnachlässe

> **Preisnachlass aufgrund beschädigter Ware**
> Ihr Unternehmen erhält einen Preisnachlass aufgrund einer Mängelrüge.

Buchungssatz:

Soll		an	Haben	
Kreditor	Betrag	an	5720 Nachlässe 19 % Vorsteuer	Betrag

Nachlässe aufgrund von Umsätzen

> **Nachlass aufgrund getätigter Umsätze**
> Ihr Unternehmen erhält eine Bonusgutschrift aufgrund getätigter Umsätze.

Buchungssatz:

Soll		an	Haben	
Kreditor	Betrag	an	5760 Erhaltene Boni 19 % Vorsteuer	Betrag

Debitorische Ausgangsrech-nungen

2.6.2 Erfassung der Ausgangsrechnungen

Konten neu anlegen für die Debitorenbuchhaltung

▬▬ Beispiel:

Die JOMA KG möchte ihre Verkäufe auf verschiedenen Erlöskonten buchen. Es werden neue Konten angelegt.

Verkauf von eigenen Erzeugnissen
4401   Erlöse eigene Erzeugnisse 19 % USt.

Verkauf von Handelswaren

4402   Erlöse Handelswaren 19 % USt.

4403   Erlöse Dienstleistungen 19 % USt.

Verkauf von Fachbüchern

4301   Erlöse Fachbücher für Sport und Funktion 7 % USt.

Auch hier wird ein neues Konto am einfachsten durch Kopieren eines bereits bestehenden Kontos angelegt. Um das Konto „4401 Erlöse eigene Erzeugnisse 19 %
USt." anzulegen, gehen Sie wie nachfolgend dargestellt vor:

Suchen Sie im Kontenplan das Konto „4400 Erlöse 19 % USt."

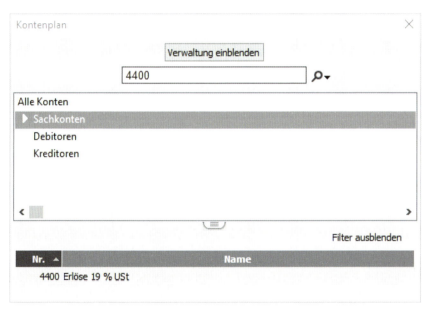

Neuanlage eines Debitorenkontos

Klicken Sie mit der rechten Maustaste auf das Konto „4400 Erlöse 19 % USt." und
wählen Sie den Befehl „Konto kopieren".

Neuanlage Konto „4401 Erlöse Eigene Erzeugnisse 19 USt."

Geben Sie im Feld „Kontonummer" die Kontennummer 4401 ein und benennen Sie die Kontenbezeichnung in „Erlöse eigene Erzeugnisse 19 % USt." um. Gehen Sie auf die Schaltfläche „Weiter".

Eigenschaften – Umsatzsteuer

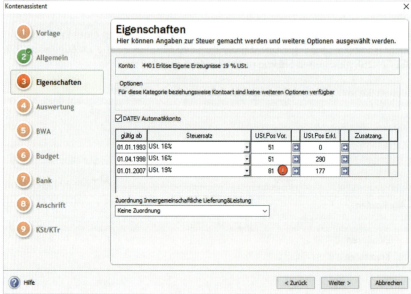

Neuanlage Konto „4401 Erlöse eigene Erzeugnisse 19 USt." mit Angaben zur Umsatzsteuer

Beim Buchen auf das Erlöskonto „4401 Eigene Erzeugnisse 19 % USt." wird automatisch nur der Nettowert auf dieses Konto gebucht. Die Umsatzsteuer wird entsprechend den Einstellungen (in diesem Fall 19 % USt.) errechnet und auf das hinterlegte Steuerkonto „3806 Umsatzsteuer 19 %" gebucht.

Info: Für den Bereich der Umsatzsteuer sind für steuerpflichtige inländische Umsatzsteuer hauptsächlich die Konten „3806 Umsatzsteuer 19 %" und „3801 Umsatzsteuer 7 %" von Bedeutung. Bei beiden Steuersätzen wird der Wert der Steuer von einem gebuchten Bruttobetrag herausgerechnet bzw. bei einem Nettobetrag hinzugerechnet.

Achtung: Das Konto „4401 Eigene Erzeugnisse 19 % USt." wurde vom Konto „4400 Erlöse 19 % USt." kopiert. Dieses Konto hat einen hinterlegten Steuersatz von 19 % USt. Um eine korrekte Verbuchung zu veranlassen, ist es zwingend notwendig, dass Sie in den Eigenschaften des jeweiligen Erlöskontos die Steuereigenschaft des Kontos überprüfen.

USt.-Pos.-Voranmeldung

Zusätzlich zum Steuersatz wird die Umsatzsteuerposition 81 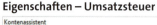 angezeigt. Für einen korrekten Ausdruck der Umsatzsteuer-Voranmeldung müssen bei den Erlöskonten und den Umsatzsteuerkonten die jeweiligen Positionen für den Ausdruck hinterlegt sein.

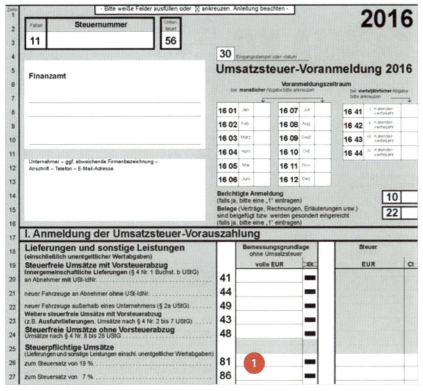

Umsatzsteuer-Voranmeldung

Übernehmen Sie die weiteren Einstellungen und speichern Sie diese.

Legen Sie die Konten „4402 Erlöse Handelswaren 19 % USt." und „4403 Erlöse Dienstleistungen 19 % USt.", kopiert von „4400 Erlöse 19 % USt.", an. Des Weiteren legen Sie ein Konto für Umsätze mit 7 % Umsatzsteuer wie folgt an: „4301 Erlöse Fachbücher für Sport und Funktion 7 % USt.", kopiert von Konto „4300 Erlöse 7 % USt.".

> **Vorkontieren und das Buchen der Ausgangsrechnung**
In der Stammdatenpflege Ihres Handwerksunternehmens wurden inzwischen die Voraussetzungen geschaffen, um Ausgangsrechnungen zu buchen.

Beim Buchen von Ausgangsrechnungen sind besondere Punkte zu beachten.
– Das Personenkonto des Debitors ist zwingend anzugeben.
– Das Feld „Belegnummer" ist mit der eindeutigen Belegnummer der Ausgangsrechnung zu füllen.
– Für die hinterlegten Zahlungskonditionen und für das Mahnwesen ist das Belegdatum der Ausgangsrechnung zu erfassen.

Vorkontieren
und Buchen
von Ausgangs-
rechnungen

Bank	Postbank -Giro- München
BIC	PBNKDEFFXXX
IBAN	DE90 7001 0080 0059 3232 87

Bank	Stadtsparkasse Augsburg
BIC	AUGSDE77XXX
IBAN	DE20 7205 0000 0000 0373 66

Zahlungsbedingungen:
3 % Skonto innerhalb 10 Tage
30 Tage Netto

Joma KG, Rosenweg 16, 86152 Augsburg

Skialpin Oberhofer
Bettina Oberhofer
Badeseeweg 11
87484 Nesselwang

Augsburg	05.01.2016
Lieferdatum	03.01.2016
Lieferscheinnummer	1101
Kundennummer	10040

Rechnung-Nr. 2101

Art.-Nr.	Menge	ME	Bezeichnung	Einzelpreis in €	Gesamtpreis in €
120144	80	Stück	Herren-Outdoorjacke Zugspitze	329,00 €	26.320,00 €
			Farben und Größen gemischt		

Rechnungsbetrag (Netto)	26.320,00 €
Lieferkosten	frei Haus
	26.320,00 €
+ MwSt 19%	5.000,80 €
Rechnungsbetrag (Brutto)	31.320,80 €

Skontofähiger Betrag 31.320,80 €

Firmensitz: Augsburg
Registergericht Augsburg, HRA 2909

Ausgangsrechnung der Joma KG

Ausgangsrech-
nungen buchen

a) Ausgangsrechnung buchen

Allgemeiner Buchungssatz ohne Buchhaltungssoftware:

10040 Debitor Ski-alpin Oberhofer	31.320,80 €	**an**	4401 Erlöse eigene Erzeugnisse 19 % USt.	26.320,- €
			3806 Umsatzsteuer 19 %	5.000,80 €

Das Vorkontieren auf dem Ausgangsrechnungsbeleg erledigen Sie wie folgt:

10040 Debitor Skialpin Oberhofer	**an**	4401 Erlöse eigene Erzeugnisse 19 %USt.	31.320,80 €

Durch die automatische Umsatzsteuerverbuchung (in den Eigenschaften des Konto „4401 Erlöse eigene Erzeugnisse 19 % USt." ist die Umsatzsteuer bereits hinterlegt), müssen Sie beim Vorkontieren auf die Umsatzsteuer nicht eingehen.

Um die Ausgangsrechnung zu buchen, gehen Sie in Lexware wie folgt vor:

> Klicken Sie auf der Startseite auf „Stapelbuchen".

> Geben Sie im Feld „Datum" das Rechnungsdatum 05.01.2016 ein. Automatisch wird die Periode 1 eingetragen.

> Erstellen Sie ein neues Kürzel für den Belegnummernkreis „Ausgangsrechnungen". Öffnen Sie dazu das Dropdown-Feld und gehen Sie auf „Verwaltung". Geben Sie die nachfolgenden Angaben ein. Das Häkchen „Automatisch Hochzählen" aktivieren Sie. Geben Sie eine Nummer unter der Ausgangsrechnungsnummer ein, mit der Sie beim Buchen beginnen möchten; durch automatisches Hochzählen wird bei der ersten Ausgangsrechnung beim Buchen „AR-2101" vorgeschlagen. Speichern Sie die Angaben und wählen Sie das neu angelegte Kürzel aus. Im Feld „Nummer" steht nun die Ausgangsrechnungsnummer 2101.

Kürzel	Bezeichnung	Stand	autom. Hochzählen
	Standard	0	☑
EB-Wert	Eröffnungsbilanzwert	1	☑
ER-	Eingangsrechnungen	11640	☐
PB	Postbank	4	☐
AR-	Ausgangsrechnungen	2100	☑
			☐

Ausgangsrechnungen – Belegnummern

> Im Feld „Buchungstext" geben Sie „Skialpin Oberhofer, eigene Erzeugnisse" ein.
> **Info:** Im Zusammenhang mit der Offenen-Posten-Buchhaltung sind das Belegdatum, die Belegnummer und der eindeutige Buchungstext wichitg.

> Geben Sie im Feld „Betrag" den Bruttorechnungsbetrag von 31.320,80 € ein.

> Geben Sie im Feld „Soll" das Konto „10040 Skialpin Oberhofer" ein.

> Geben Sie im Feld „Haben" das Erlöskonto „4401 Erlöse eigene Erzeugnisse 19 % USt." ein.

> Im Feld „Steuer" wird nun automatisch die Umsatzsteuer mit 19 % und der Be-
trag 5.000,80 € dazu angezeigt.

Buchen der Ausgangsrechnung

> Übernehmen Sie die Buchung, indem Sie auf die Schaltfläche „Buchen" klicken
oder die Enter-Taste drücken.

b) Ausgangsrechnung buchen – Splittbuchung

Ausgangsrech-
nungen buchen
– Splittbuchung

In der buchhalterischen Praxis kommt es häufig vor, dass beim Buchen eines Beleges nicht nur ein Erlöskonto angesprochen wird, sondern mehrere.

Bank	Postbank -Giro-München
BIC	PBNKDEFFXXX
IBAN	DE90 7001 0080 0059 3232 87

Bank	Stadtsparkasse Augsburg
BIC	AUGSDE77XXX
IBAN	DE20 7205 0000 0000 0373 66

Zahlungsbedingungen:
3 % Skonto innerhalb 10 Tage
30 Tage Netto

Joma KG, Rosenweg 16, 86152 Augsburg

Augsburg	19.01.2016
Lieferdatum	17.01.2016
Lieferscheinnummer	1111
Kundennummer	10040

Skialpin Oberhofer
Bettina Oberhofer
Badeseeweg 11
87484 Nesselwang

Rechnung-Nr.   2111

Art.-Nr.	Menge	ME	Bezeichnung	Einzelpreis in €	Gesamtpreis in €
120149	65	Stück	Herren-Softshelljacke Gaishorn	199,00 €	12.935,00 €
120157	60	Stück	Herren-Wanderschuhe Steineberg	179,00 €	10.740,00 €
120161	5	Std.	Änderungen (Maßanpassungen) pro Stunde	41,00 €	205,00 €

Rechnungsbetrag (Netto)		23.880,00 €
Lieferkosten		frei Haus
Skontofähiger Betrag	28.417,20 €	23.880,00 €
+ MwSt.	19%	4.537,20 €
Rechnungsbetrag (Brutto)		**28.417,20 €**

Firmensitz: Augsburg
Registergericht Augsburg, HRA 2909

Ausgangsrechnung zur Splittbuchung

Allgemeiner Buchungssatz ohne Buchhaltungssoftware:

Soll		an	Haben	
10040 Debitor Ski-alpin Oberhofer	28.417,20 €	an	4401 Erlöse eigene Erzeugnisse 19 % USt.	12.935,- €
			4402 Erlöse Handelswaren 19 % USt.	10.740,- €
			4403 Erlöse Dienstleistungen 19 % USt.	205,- €
			3806 Umsatzsteuer 19 %	4.537,20 €

Das Vorkontieren auf dem Ausgangsrechnungsbeleg erledigen Sie wie folgt:

10040 Debitor Ski- alpin Oberho- fer	28.417,20 € **an**	4401 Erlöse eigene Erzeugnisse 19 % USt.	12.935,- €
		4402 Erlöse Handels- waren 19 % USt.	10.740,- €
		4403 Erlöse Dienst- leistungen 19 % USt.	205,- €

Um die Ausgangsrechnung zu buchen, gehen Sie in Lexware wie folgt vor:

> Klicken Sie auf der Startseite auf „Stapelbuchen".

> Geben Sie im Feld „Datum" das Rechnungsdatum 19.01.2016 ein. Automatisch wird die Periode 1 eingetragen.

> Wählen Sie das angelegte Kürzel „AR-" aus. Geben Sie im Feld „Nummer" die Ausgangsrechnungsnummer 2111 ein.

> Im Feld „Buchungstext" geben Sie „Skialpin Oberhofer" ein.

> Geben Sie im Feld „Betrag" den Bruttorechnungsbetrag von 28.417,20 € ein.

> Geben Sie im Feld „Soll" das Debitorenkonto vom Kunden „10040 Skialpin Ober- hofer" ein.

> Lassen Sie das Feld „Haben" leer, hier erfolgt die Habensplittung.

> Klicken Sie auf die Schaltfläche „Splitten".

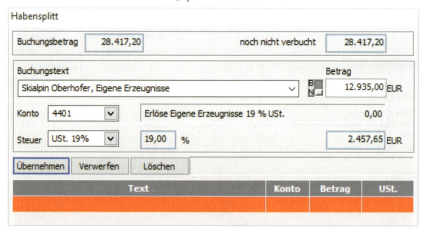

Ausgangsrechnung – Habensplitt

> Die Erfassungsmaske „Habensplitt" wird geöffnet und zeigt den Bruttogesamt- betrag der Ausgangsrechnung von 28.417,20 € an. Der Buchungstext wird au- tomatisch übernommen (Menüpunkt „Extras Optionen Registerkarte Buchen", Häkchen bei „Buchungstext in die Splittmaske übernehmen"). Erweitern Sie den Buchungstext, indem Sie „Eigene Erzeugnisse" hinzufügen.

> Wählen Sie im Feld „Brutto/Netto" die Option „Nettobuchung" aus und geben Sie dann den Nettobetrag der Rechnungsposition 1 für die Herren-Softshelljacke Gaishorn von 12.935,- € ein.

> Im Feld „Konto" geben Sie das Konto „4401 Erlöse eigene Erzeugnisse 19 % USt." an. Der Betrag der Umsatzsteuer wird vom Programm automatisch ermittelt.

> Klicken Sie auf die Schaltfläche „Übernehmen". Die Splittbuchung wird nun in die Erfassungszeile übernommen und wandelt den Nettobetrag in den Bruttobetrag um.

> Der noch nicht gebuchte Restbetrag von 13.024,55 € Brutto wird in der Buchungsmaske angezeigt.

> Im Buchungstext ändern Sie den Eintrag auf „Handelswaren" um.

> Wählen Sie im Feld „Brutto/Netto" die Option „Nettobuchung" aus und geben Sie dann den Nettobetrag der Rechnungsposition 2 für die Herren-Wanderschuhe Steineberg von 10.740,- € ein.

> Im Feld „Konto" geben Sie das Konto „4402 Erlöse Handelswaren 19 % USt." an. Der Betrag der Umsatzsteuer wird vom Programm automatisch ermittelt.

Ausgangsrechnung – Habensplitt

> Klicken Sie auf die Schaltfläche „Übernehmen". Die Splittbuchung wird nun in die Erfassungszeile übernommen und wandelt den Nettobetrag in den Bruttobetrag um.

> Der noch nicht gebuchte Restbetrag von 243,95 € Brutto wird in der Buchungsmaske angezeigt.

> Im Buchungstext ändern Sie den Eintrag auf „Änderungen (Maßanpassungen)" um.

> Wählen Sie im Feld „Brutto/Netto" die Option „Nettobuchung" aus und geben Sie dann den Nettobetrag der Rechnungsposition 3 „Änderungen (Maßanpassung)" 205,- € ein.

> Im Feld „Konto" geben Sie das Konto „4403 Erlöse Dienstleistungen 19 % USt."
  an. Der Betrag der Umsatzsteuer wird vom Programm automatisch ermittelt.

> Klicken Sie auf die Schaltfläche „Übernehmen".

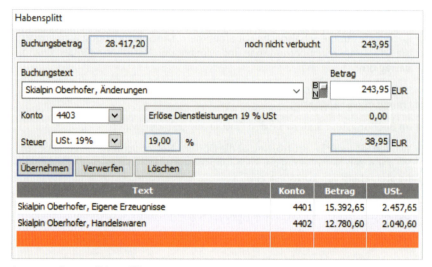

Ausgangsrechnung – Habensplitt

Das Programm hat nun alle Buchungen übernommen. Der noch zu verbuchende
Restbetrag ist jetzt 0,- €. Die Splittbuchung ist damit beendet.

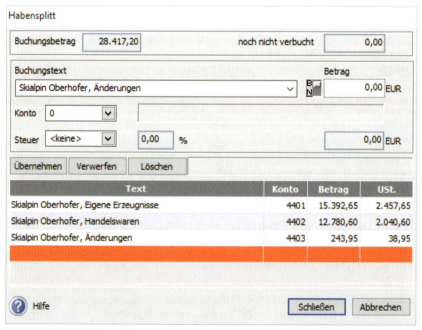

Ausgangsrechnung – Habensplitt

> Wählen Sie die Schaltfläche „Schließen" und klicken Sie im Fenster „Stapelbu-chen" abschließend auf die Schaltfläche „Buchen".

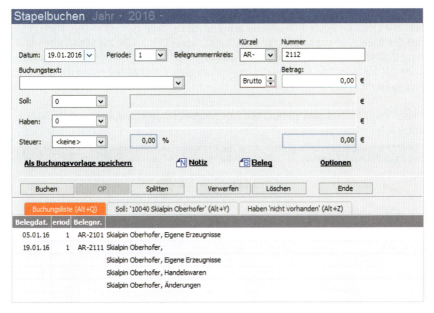

Ausgangrechnung – Habensplitt

Die Splittausgangsrechnung ist hiermit erfasst.

Verwaltung der offenen Posten

Die Offene-Posten-Buchführung ist eine Nebenbuchführung der Finanzbuchhal-tung. Hauptmerkmal ist dabei, dass mit Personenkonten (Debitorenkonten) ge-bucht wird. Der Forderungsbetrag wird automatisch auf das Sammelkonto „1200 Forderungen aus Lieferungen und Leistungen" gebucht. Die Offene-Posten-Buch-haltung bringt einige Vorteile:

> Die Programmfunktionen werden durch die Offene-Posten-Buchhaltung erwei-tert.

> Zahlungskonditionen, die dem Debitor hinterlegt wurden, werden beim Buchen von Skontobuchungen geprüft und können übernommen werden.

> Die Pflege des Kontokorrents wird durch die Offene-Posten-Listen erleichtert, und es können Offene-Posten-Listen ausgedruckt werden.

> Bei Zahlungsbuchungen können die einzelnen offenen Posten des Debitors aus-gewählt und verbucht werden.

> Für das Mahnwesen ist die Offene-Posten-Buchführung zwingende Vorausset-zung.

Verwaltung der offenen Posten

Zum Auswerten der Offenen-Posten-Debitoren stehen Ihnen im Programm verschiedene Möglichkeiten zur Verfügung. Offenen-Posten-Debitoren können eingesehen, bearbeitet und ausgedruckt werden.

Um alle Offenen-Posten-Debitoren am Bildschirm anzeigen zu lassen, klicken Sie auf den Menüpunkt Ansicht „OP-Debitoren". Übernehmen Sie die Standardeinstellung Wirtschaftsjahr und klicken Sie auf die Schaltfläche „OK". In der Praxis kann über das Auswahlfeld anstelle des Wirtschaftsjahres der Zeitraum individuell festgelegt werden.

Die offenen Posten aller gebuchten Ausgangsrechnungen werden am Bildschirm aufgelistet.

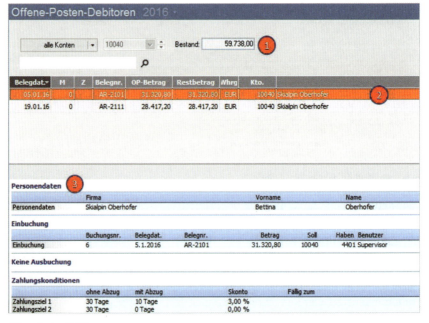

Offene-Posten-Debitoren

1 Der Gesamtforderungsbestand wird angezeigt.
2 Jede gebuchte Ausgangsrechnung (Debitoren) ist einzeln aufgeführt und wird als offener Posten angezeigt.
3 Details zum markierten offenen Posten werden unterhalb der Liste angezeigt.

Offene-Posten-Debitoren ausdrucken

Um eine OP-Liste Debitoren auszudrucken, klicken Sie auf das Menü „Berichte OP-Debitoren". Geben Sie die Einstellungen, wie nachfolgend dargestellt, ein:

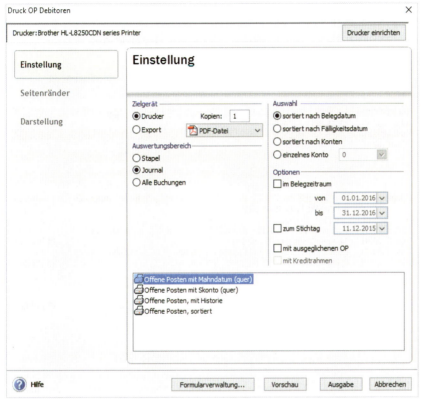

Offene-Posten-Debitoren: Ausdruck vorbereiten

Die Liste „Offene-Posten-Debitoren" wird am Bildschirm angezeigt. Zusätzlich sehen Sie die Fälligkeit und das nächste Mahndatum.

JOMA KG , Rosenweg 16, 86152 Augsburg

OP-Liste Debitoren bis 31.12.2016

Datum	Fälligkeit	nächstes Mahndatum	BelegNr.	OP-Restbetrag	M	Konto	Name	Text
05.01.2016	04.02.2016	04.02.2016	AR-2101	31.320,80	0	10040	Skialpin Oberhofer	Skialpin Oberhofer, Eigene Erzeugnisse
19.01.2016	18.02.2016	18.02.2016	AR-2111	28.417,20	0	10040	Skialpin Oberhofer	Skialpin Oberhofer,
Summe				59.738,00				

Offene-Posten-Debitoren: Ausdruck

Kontoauszug
und Zahlungs-
eingänge
verbuchen

c) Buchung des Kontoauszugs – Zahlungseingang von Ausgangsrechnungen

Für das Buchen von Bankkontoauszügen stehen Ihnen im Programm „Lexware buchhalter" verschiedene Buchungsmöglichkeiten zur Verfügung. Die Bankkonto-auszüge können über Stapelbuchen, Dialogbuchen oder den Modus Einnahmen/Ausgaben in den Stapel gebucht werden.
Der Bankauszug der Postbank liegt Ihnen vor und lautet wie folgt:

Postbank   KONTOAUSZUG

Kontonummer	Datum	Umsatzzeitraum	Auszug	Blatt
59323287	31.01.2016	Januar 2016	4	1

Kontoinhaber	Kontohinweis
JOMA KG	

	Filiale
	Filiale Augsburg
	Ansprechpartner Telefon
	Frau Winter 0821 25919-37

Buchungstag	Buchungsinformation	Zu Ihren Lasten	Zu Ihren Gunsten
	Kontostand per 15.01.2016		7.850,00 €
Pos. 1 25.01.	Gerhard Müller OHG, Re-Nr. 11521	7.021,00 €	
Pos. 2 25.01.	Skialpin Oberhofer, Re-Nr. 2101		31.320,80 €
Pos. 3 30.01.	Gerhard Müller OHG, Re-Nr. 11640 - 2 % Sk.	12.466,68 €	
Pos. 4 30.01.	Skialpin Oberhofer, Re-Nr. 2111 - 3 % Sk.		27.564,68 €
	Neuer Kontostand	31.01.2016	**47.247,80 €**

Kontoauszug Postbank

Der Kontoauszug muss zunächst kontiert und kann anschließend gebucht werden. Es werden nachfolgend nur die „Debitorenzahlungen" (Positionen 2 und 4 des Kon-toauszugs) gebucht. Die bezahlten Kreditorenrechnungen wurden bereits im Ab-schnitt 2.6.1 „Erfassung der kreditorischen Eingangsrechnungen" behandelt.
Das Vorkontieren auf dem Kontoauszug erledigen Sie wie folgt:

Pos. 2 25.01. Zahlungseingang der Ausgangsrechnung Nr. 2101, Kunde Skialpin Oberhofer				
1701 Postbank	31.320,80 €	**an**	10040 Skialpin Oberhofer	31.320,80 €
Pos. 4 30.01. Zahlungseingang der Ausgangsrechnung Nr. 2111, Kunde Skialpin Oberhofer – 3 % Skonto.				
1701 Postbank	27.564,68 €	**an**	10040 Skialpin Oberhofer	27.564,68 €

Die Position 2 des Kontoauszugs buchen

Um den Kontoauszug zu buchen, gehen Sie wie nachfolgend beschrieben vor:

> Klicken Sie auf der Startseite auf „Einnahmen/Ausgaben in den Stapel".

> Zunächst muss das entsprechende Finanzkonto ausgewählt werden. Klicken Sie, wie in der nachfolgenden Abbildung dargestellt, auf das Konto „1701 Post-bank".

Kontenauswahl

> Die Buchungsmaske „Einnahmen/Ausgaben in den Stapel" wird geöffnet. Das Geldkonto ist bereits mit dem Konto „1701 Postbank" vorbelegt.

> Geben Sie die Buchung für die Position 2 des Bankkontoauszugs, wie nachfolgend dargestellt, ein.

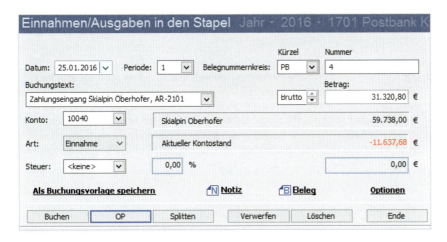

Zahlungseingang zur Ausgangsrechnung Nr. 2101

> Sie müssen nur darauf achten, ob es sich bei dieser Buchung um eine Einnahme oder Ausgabe handelt. Entsprechend der Eingabe im Feld „Konto" versucht Lexware bereits zu erkennen, ob es sich bei dieser Buchung um eine Einnahme oder Ausgabe handelt. Dementsprechend wird im Feld „Art" bereits die passende Angabe (hier: Einnahme) vorbelegt.

> Übernehmen Sie die Buchung, indem Sie auf die Schaltfläche „OP" klicken.

> Das Programm hat den offenen Posten, „AR-2101", automatisch ausgewählt. Da dies der korrekte offene Posten ist und der Buchungsbetrag mit dem Offenen-Posten-Betrag übereinstimmt, ist die Schaltfläche „Buchen" sofort aktiviert.

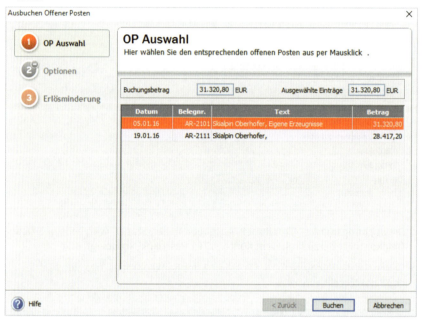

Ausbuchen offener Posten Ausgangsrechnung Nr. 2101

> Übernehmen Sie den Ausgleich des offenen Postens, indem Sie auf die Schaltfläche „Buchen" klicken.
> **Info:** Die Schaltfläche „OP" ist nach der Buchung inaktiv, da der offene Posten über die Schaltfläche „OP" ausgebucht wurde. Sollte ein Fehler bei der Buchung aufgetreten sein, kann die Buchung nur gelöscht werden und muss anschließend nochmals neu erfasst werden.

Die Position 4 des Kontoauszugs buchen – Zahlungseingang unter Abzug von Skonto

> Erfassen Sie, wie gerade beschrieben, die Position 4 des Kontoauszugs und klicken Sie auf „OP".

Zahlungseingang Ausgangsrechnung Nr. 21111 (mit Skontoabzug)

> Der Buchungsbetrag weicht vom OP „AR-2111" ab. Klicken Sie daher auf die Schaltfläche „Weiter".

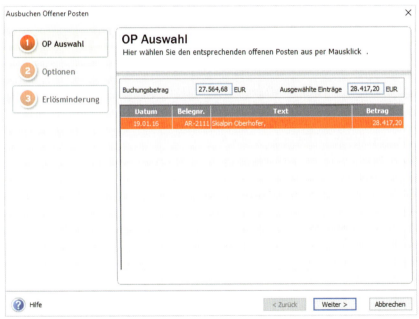

Ausbuchen offener Posten Ausgangsrechnung Nr. 2111

> Die Option „Ausbuchen des Differenzbetrages als Minderung" ist automatisch vorbelegt. Das Programm stellt den Differenzbetrag zwischen Eingangsrechnung und Zahlbetrag als Betrag 852,52 € und prozentual 3 % dar.

> Klicken Sie auf die Schaltfläche „Weiter".

> Im letzten Schritt geben Sie im Feld „Konto" das Minderungskonto „4736 für gewährte Skonti 19 % USt." ein.

> Verteilen Sie die Skontobeträge prozentual auf die einzelnen Positionen.

> Übernehmen Sie anschließend die Buchung, indem Sie auf die Schaltfläche „Buchen" klicken.

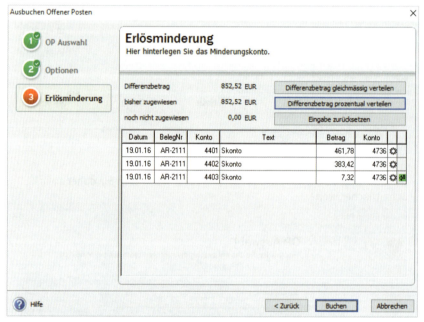

Zahlungseingang Skialpin Oberhofer – Gewährte Skonti 19 % USt.

> Das Programm stellt die Buchung im Buchungsstapel wie folgt dar:

Belegdat.	Belegnr.		Gegenkto	Soll	Haben	Whrg	ISt %	USt Kto
25.01.16	PB4	Zahlungseingang Skialpin Oberhofer, AR-2101	10040	31.320,80	31.320,80	EUR		
30.01.16	PB4	Zahlungseingang Skialpin Oberhofer, AR-2111 - 3 % Sk.			28.417,20	EUR		
		Zahlungsbetrag	1701	27.564,68		EUR		
		Skonto	4736	388,05		EUR	19,00	3806
		Skonto	4736	322,20		EUR	19,00	3806
		Skonto	4736	6,15		EUR	19,00	3806

Abgeschlossener Zahlungseingang Skialpin Oberhofer

> Schließen Sie das Buchungsfenster und verarbeiten den Stapel, indem Sie über das Menü „Buchen" den Befehl „Stapel ausbuchen" wählen.

> Über den Menüpunkt „Ansicht OP-Debitoren 10040" stellen Sie fest, dass vom Kunden Skialpin Oberhofer keine Rechnungen mehr offen sind.

> Über den Menüpunkt „Ansicht Debitorenkonto 10040" sehen Sie, dass alle Bu-
chungen, Rechnungsausgänge und Zahlungseingänge vermerkt sind.

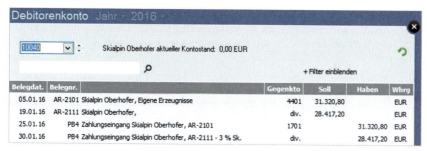

Debitorenkonto 10040

Forderungsmanagement

> Forderungsmanagement ist professionelles Mahnwesen mit dem Ziel, Zah-
lungsausfälle zu vermeiden und die Liquidität Ihres Handwerksunternehmens nachhaltig zu sichern. Es ist Teil des innerbetrieblichen Rechnungswesens und beginnt mit dem Ordnen, dem Registrieren und dem
Organisieren offener Zahlungen. Bei Zahlungsverzug sorgt ein funktionie-
rendes Forderungsmanagement dafür, dass der Rechnungsempfänger, also
Ihr Kunde, rechtzeitig und auch wirkungsvoll an seine Zahlungspflicht nicht
nur erinnert, sondern auch zur Erledigung angehalten wird.

Effizientes Forderungsmanagement beginnt nicht erst mit einer ersten Zahlungs-
erinnerung und dem Eintreiben offener Zahlungen. Noch vor einer Geschäftsan-
bahnung ist es ratsam, die Bonität des Geschäftspartners zu überprüfen, in Schuld-
ner- und Handelsregister sowie – wenn möglich – in den Jahresabschluss
einzusehen. Diese umfassende Bearbeitung ist Teil des Debitorenmanagements.
Dieses fasst alle Abläufe innerhalb des Rechnungswesens eines Unternehmens zusammen und ist dazu geeignet, Forderungsausfälle von Beginn an zu vermeiden
sowie den bereits entstandenen Forderungsausfällen effektiv zu begegnen.
Professionelles Forderungsmanagement und die Absicherung gegen Forderungsausfälle beginnen mit der Vertragsgestaltung. Durch Vereinbarung einer Fällig-
keitsklausel kann ein genauer Zahlungstermin oder auch ein bestimmtes Zahlungsziel vereinbart werden, z. B. Zahlung des Kaufpreises nach Erhalt. Gemeint
sind die sogenannten Allgemeinen Geschäftsbedingungen, die neben Gewährleis-
tungsfristen und Haftungsbeschränkungen auch Mahnkosten und Inkassokosten
zum Inhalt haben können. Zu einem effektiven Forderungsmanagement gehören
außerdem prüffähige Rechnungen. Sie müssen den gesetzlichen Anforderungen
entsprechen und enthalten, obwohl sie nicht zwingend in den Angaben vorge-
schrieben werden, beispielsweise die Fälligkeit der Zahlung. Nach Verstreichen des

letzten Tages einer vereinbarten Zahlungsfrist befindet sich der Kunde in Zahlungsverzug. Wurde keine Frist vereinbart und noch keine Mahnung verschickt,
tritt 30 Tage nach Erhalt der Rechnung der Zahlungsverzug ein, wobei diese Regelung nur für Geschäftskunden („B2B-Kunden", Business to Business) gilt. Handelt
es sich um einen Verbraucher („B2C-Kunden", Business to Consumer), so muss dieser auf die Frist von 30 Tagen hingewiesen werden.

Mahnschreiben

Ein Mahnschreiben gegenüber einem Verbraucher ist grundsätzlich formfrei, sollte jedoch wesentliche Punkte enthalten, beispielsweise das Rechnungsdatum, die Rechnungsnummer, das Fälligkeitsdatum, die Höhe der offenen Forderung sowie eine neue Zahlungsfrist. Zeigt das Forderungsmanagement bis hierhin keine Wirkung, bleibt nur die schärfste und nachdrücklichste Form der Mahnung: das gerichtliche Mahnverfahren, dessen Ergebnis der Erlass eines gerichtlichen Mahnbescheids ist.

Mahnungen mit Lexware erstellen

Mit dem Mahnwesen können Sie Mahnungen für Forderungen erstellen, bei denen sich der Kunde nach den Zahlungskonditionen in Zahlungsverzug befindet.
Mit der Offenen-Posten-Buchhaltung in Lexware ist auch ein dreistufiges Mahnwesen mit Inkassostufe integriert. Die Einstellungen für das Mahnwesen finden Sie im Menü „Bearbeiten Firmenangaben Mahnwesen".

Geben Sie nachfolgend dargestellte Daten ein:

Mahnwesen – allgemeine Einstellungen

> Sie können angeben, ab welchem Rechnungsbetrag Sie Mahnungen ausstellen möchten. Geben Sie an „Beträge mahnen ab 10,- €".

> Zinsen aus fälligen Beträgen „Zinssatz 8,17 %".

> Standardmäßig wird in Lexware die europäische Methode zur Zinsberechnung angewandt. Da diese Methode mit den tatsächlichen Zinstagen rechnet, welche mehr Verzugszinsen einbringen, wird das Häkchen für „Dt. Zinsrechnung" deaktiviert.

Beispiel:

Deutsche Zinsrechnung	Europ. Zinsrechnung
Der erste Tag wird nicht mitgerechnet.	Der erste Tag wird nicht mitgerechnet.
Der letzte Tag ist ein voller Zinstag.	Der letzte Tag ist ein voller Zinstag.
Monate sind mit 30 Tagen anzusetzen, auch wenn der Zinstermin der 31. Tag des Monats ist.	Die Monate sind mit den tatsächlichen Tagen lt. Kalender anzusetzen.
Das Jahr wird mit 360 Tagen gerechnet.	Das Jahr wird mit 360 Tagen gerechnet.

Rechenbeispiel: Rechnungsbetrag: 1.000,- €, Fälligkeit der Rechnung: 24.05.2015, Mahndatum: 10.06.2015, Zinssatz: 8,17 %

Deutsche Zinsrechnung:
Zinstage: 24.05. bis 10.06. = 16 Tage
Verzugszinsen: (1.000,- € x 8,17 x 16 Tage) / (360 x 100) = 3,63 €

Europ. Zinsrechnung
Zinstage: 24.05. bis 10.06. = 17 Tage
Verzugszinsen: (1.000,- € x 8,17 x 17 Tage) / (365 x 100) = 3,81 €

Erläuterung zu den Verzugszinsen i. H. v. 8,17 %

> **Basiszinssatz**
Der Basiszinssatz des Bürgerlichen Gesetzbuchs verändert sich zum 1. Januar und 1. Juli eines jeden Jahres um die Prozentpunkte, um welche seine Bezugsgröße seit der letzten Veränderung des Basiszinssatzes gestiegen oder gefallen ist. Bezugsgröße ist hierbei der Zinssatz für die jüngste Hauptrefinanzierungsoperation der Europäischen Zentralbank vor dem ersten Kalendertag des betreffenden Halbjahres. Seit 01.07.2015 beträgt der Basiszinssatz -0,83 %.

> **Verzugszinssatz**
Eine Geldschuld ist während des Verzugs zu verzinsen. Der Verzugszinssatz beträgt für das Jahr entweder 5 % oder 9 % **über dem Basiszinssatz** wie folgt:
Bei Rechtsgeschäften, an denen ein Verbraucher beteiligt ist, beträgt der Zinssatz für Entgeltforderungen 5 % über dem Basiszinssatz (Quelle: § 288 Abs. 1 BGB).

Basiszinssatz

Verzugszinssatz

Bei Rechtsgeschäften, an denen ein Verbraucher nicht beteiligt ist, beträgt der Zinssatz für Entgeltforderungen 9 % über dem Basiszinssatz (Quelle: § 288 Abs. 2 BGB). Daraus folgt:

- Verzugszinssatz für Verbrauchergeschäfte gem. § 288 Abs. 1 BGB seit 01.07.2015: 4,17 %.
- Verzugszinssatz für Handelsgeschäfte gem. § 288 Abs. 2 BGB seit 01.07.2015: 8,17 %.

> Speichern Sie Ihre Angaben.

Mahnstufen

Grundlage für das Mahnwesen sind die Buchungen und die hinterlegten Zahlungskonditionen bei den Kunden. Die Offene-Posten-Liste gibt Auskunft darüber, welche Zahlungen überfällig sind.

Drucken Sie unter Menü „Berichte OP-Debitoren" die Offene-Posten-Liste-Debitoren mit folgenden Einstellungen aus:

Drucken der „Offene-Poste-Liste-Debitoren"

Ergebnis des Ausdrucks

JOMA KG , Rosenweg 16, 86152 Augsburg   in EUR

OP-Liste Debitoren Konto 10040 bis 31.12.2016

Konto: 10040 Skialpin Oberhofer

Datum	Fälligkeit	nächstes Mahndatum	BelegNr.	OP-Restbetrag	M	Text
07.01.2016	06.02.2016	20.02.2016	AR-2102	17.040,80	0	Skialpin Oberhofer, Eigene Erzeugnisse
22.01.2016	21.02.2016	06.03.2016	AR-2113	47.921,30	0	Skialpin Oberhofer, Eigene Erzeugnisse
Summe				64.962,10		

Fertiggestellter Ausdruck

Kunde Skialpin Oberhofer hat ein Zahlungsziel von 30 Tagen. Die AR-2102 ist am 06.02.2016 fällig. Stufe 1 der eingegebenen Mahnfrist ist 14 Tage: Die erste Mahnung ist damit am 20.02.2016 fällig.

Mahnungen erstellen

> Wählen Sie im Menüpunkt „Extras" die Option „Mahnwesen" und geben Sie die nachfolgenden Rahmenbedingungen für die Mahnungen ein.

Mahnung erstellen

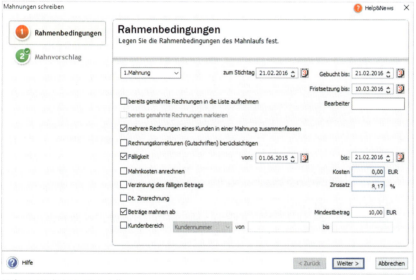

Mahnungen in Lexware erstellen

> Im Auswahlfeld „Mahnstufe" wählen Sie aus, welche Mahnungen Sie bearbeiten möchten.

> Über das Eingabefeld „Stichtag" geben Sie das Datum an, an dem die Mahnung gedruckt werden soll.

> Im Eingabefeld „Gebucht bis" sollte das Datum des letzten gebuchten Bankkontoauszugs eingetragen werden.

> Im Feld „Fristsetzung bis" tragen Sie das Datum ein, bis zu dem die offenen Beträge beglichen werden sollen.

> Alle weiteren Einstellungen sind optional und können individuell vorgenommen werden.

> Sollen neben den – vom Programm berechneten fälligen Rechnungen – auch weitere, vielleicht längst überfällige Posten, in den Mahnlauf aufgenommen werden, haben Sie die Möglichkeit, einen Fälligkeitszeitraum einzugrenzen.

> Klicken Sie auf die Schaltfläche „Weiter". Der Mahnvorschlag für den Kunden Skialpin Oberhofer wird nun angezeigt. Auch der Stichtag erscheint zur Kontrolle.

Mahnvorschlag

> Klicken Sie auf die Schaltfläche „Mahnen".

> Das Dialogfenster „Drucken für Mahnungen" wird nun geöffnet. Legen Sie die Einstellungen wie folgt fest und klicken Sie auf die Schaltfläche „Vorschau".

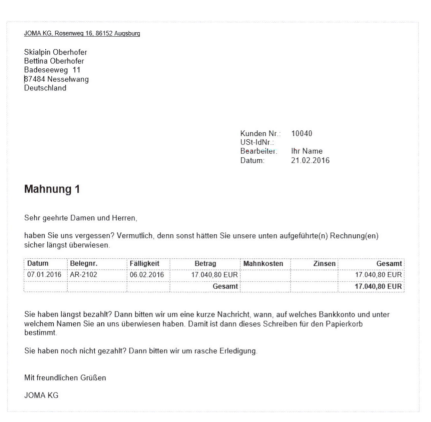

JOMA KG, Rosenweg 16, 86152 Augsburg

Skialpin Oberhofer
Bettina Oberhofer
Badeseeweg 11
87484 Nesselwang
Deutschland

Kunden Nr.:	10040
USt-IdNr.:	
Bearbeiter:	Ihr Name
Datum:	21.02.2016

Mahnung 1

Sehr geehrte Damen und Herren,

haben Sie uns vergessen? Vermutlich, denn sonst hätten Sie unsere unten aufgeführte(n) Rechnung(en) sicher längst überwiesen.

Datum	Belegnr.	Fälligkeit	Betrag	Mahnkosten	Zinsen	Gesamt
07.01.2016	AR-2102	06.02.2016	17.040,80 EUR			17.040,80 EUR
			Gesamt			17.040,80 EUR

Sie haben längst bezahlt? Dann bitten wir um eine kurze Nachricht, wann, auf welches Bankkonto und unter welchem Namen Sie an uns überwiesen haben. Damit ist dann dieses Schreiben für den Papierkorb bestimmt.

Sie haben noch nicht gezahlt? Dann bitten wir um rasche Erledigung.

Mit freundlichen Grüßen

JOMA KG

Vorschau auf die fertige Mahnung

Info: Eine Mahnung ist unbedingt auszudrucken, damit das Mahnkennzeichen „Mahnstufe 1" in die Offene-Posten-Verwaltung übernommen werden kann.

> Klicken Sie daher auf die Schaltfläche „Drucken" und bestätigen Sie den folgenden Hinweis mit Klick auf die Schaltfläche „Ja".

Mahnung erzeugen

> Drucken Sie die Offene-Posten-Liste-Debitoren über das Menü „Berichte OP-Debitoren" aus.

JOMA KG , Rosenweg 16, 86152 Augsburg

OP-Liste Debitoren Konto 10040 bis 31.12.2016

Konto: 10040 Skialpin Oberhofer

Datum	Fälligkeit	nächstes Mahndatum	BelegNr.	OP-Restbetrag	M	
07.01.2016	06.02.2016	05.03.2016	AR-2102	17.040,80	1	Skialpin Oberhofer, Eigene Erzeugnisse
22.01.2016	21.02.2016	06.03.2016	AR-2113	47.921,30	0	Skialpin Oberhofer, Eigene Erzeugnisse
Summe				64.962,10		

Offene-Posten-Liste-Debitoren mit Mahnstufe

> **1** Der Offene Posten ist mit Mahnstufe 1 gekennzeichnet.

Gerichtliches
Mahnverfahren

Gerichtliches Mahnverfahren

Das gerichtliche Mahnverfahren soll dem Gläubiger einer Geldforderung ermöglichen, auf einfache und schnelle Weise einen zur Zwangsvollstreckung geeigneten Titel zu erhalten. Hiermit kann er dann – notfalls mit staatlicher Hilfe (z. B. einem Gerichtsvollzieher) – für den zwangsweisen Einzug seines Anspruchs sorgen (Zwangsvollstreckung). Das Mahnverfahren ist besonders für die Geltendmachung von Geldforderungen geeignet, in denen nicht zu erwarten ist, dass vom Antragsgegner Einwendungen gegen die Forderung erhoben werden. Auf diese Weise soll für beide Streitparteien ein aufwendiges gerichtliches Klageverfahren vermieden werden.

Das Mahnverfahren beginnt mit der Einreichung eines Antrags auf Erlass eines Mahnbescheids, den mit einer „Klageschrift" vergleichen kann. Die beiden beteiligten Streitparteien werden Antragsteller und Antragsgegner genannt. Der Antrag kann vom Antragsteller selbst oder von dessen Prozessbevollmächtigten gestellt werden.

Zuständiges
Gericht

Zuständig für die Entgegennahme des Mahnbescheidsantrags ist, unabhängig von der Höhe der geltend gemachten Forderung, immer das Amtsgericht, dem die Bearbeitung der Mahnverfahren für den Bezirk am Firmensitz des Antragstellers übertragen wurde. Für Bayern ist z. B. das Amtsgericht Coburg, zentrales Mahngericht, zuständig.

Der Mahnbescheidsantrag darf nur in den besonders zugelassenen Formen (Papierformular oder zugelassene elektronische Datenübermittlung) beim Mahngericht eingereicht werden. Im Mahnbescheidsantrag behauptet der Antragsteller, dass ihm der geltend gemachte Anspruch gegen den Antragsgegner zusteht.
Das Mahngericht prüft diesen Antrag grundsätzlich formal, d. h., es prüft nur, ob alle notwendigen Angaben, insbesondere die genaue Bezeichnung des Antragstellers, des Antragsgegners sowie der Hauptforderung im Antrag enthalten sind und ob der Antrag nicht unzulässig ist (z. B. aufgrund Sittenwidrigkeit).

Ist der Antrag vollständig und fehlerfrei, wird anschließend auf Grundlage dieses Antrags ein Mahnbescheid erlassen, der dem Antragsgegner förmlich durch die Post zugestellt wird. In diesem Mahnbescheid wird dem Antragsgegner mitgeteilt, wer welche Zahlungsforderung – einschließlich Kosten und Zinsen – gegen ihn erhebt. Gleichzeitig wird der Antragsgegner vom Gericht aufgefordert, entweder den Anspruch binnen 2 Wochen (seit dem Tage der Zustellung) beim Antragsteller bzw. dessen Prozessbevollmächtigten zu bezahlen (falls der Anspruch anerkannt wird) oder beim Mahngericht Widerspruch einzulegen (für den Fall, dass er das Bestehen der Forderung bestreitet).

Vom Erlass des Mahnbescheids und dem Tage der Zustellung erhält der Antragsteller bzw. sein Prozessbevollmächtigter eine entsprechende Nachricht sowie ggf. einen bereits vorbereiteten Antrag auf Erlass eines Vollstreckungsbescheids. Außerdem schickt das Gericht auch eine Kostenrechnung bzgl. der Kosten des Mahnverfahrens mit, die vom Antragsteller zu begleichen ist. Grundsätzlich entsteht für das Mahnverfahren lt. Gerichtkostengesetz eine halbe Gebühr, die sich nach dem Streitwert berechnet.

Nach Ablauf von 2 Wochen seit dem Tage der Zustellung des Mahnbescheids muss der Antragsteller bzw. sein Prozessbevollmächtigter überprüfen, ob der Antragsgegner den geforderten Betrag einschließlich Kosten und Zinsen gezahlt hat. Ist keine oder nur eine unvollständige Zahlung erfolgt, kann jetzt der Antrag auf Erlass eines Vollstreckungsbescheids hinsichtlich des noch offenen Betrags auf dem dafür vorgesehenen Vordruck oder auf dem zugelassenen elektronischen Wege gestellt werden. In diesem Antrag ist u. a. anzugeben, ob und ggf. welche Zahlungen inzwischen auf den geltend gemachten Anspruch geleistet wurden.

Hat der Antragsgegner nicht alles bezahlt und auch nicht dem noch offenen Anspruch widersprochen, erlässt das Mahngericht den Vollstreckungsbescheid. Entweder wird dieser Bescheid dem Antragsgegner im Auftrag des Gerichts förmlich durch die Post zugestellt, oder der Antragsteller veranlasst die Zustellung selbst über den zuständigen Gerichtsvollzieher. Ab dem Tage der Zustellung steht dem Antragsgegner nochmals eine zweiwöchige Einspruchsfrist zu. Nach Ablauf dieser Frist hat der Vollstreckungsbescheid im Prinzip die gleichen Wirkungen wie ein Urteil in einem Klageverfahren. Der Antragsteller kann hiermit nun die Zwangsvollstreckung betreiben.

Legt der Antragsgegner gegen den Mahnbescheid Widerspruch ein oder wehrt er sich mit einem Einspruch gegen den Vollstreckungsbescheid, kann das Mahnverfahren als „normaler" Zivilprozess weitergeführt werden. Der Antragsteller wird dann vom Prozessgericht aufgefordert, seinen Anspruch zu begründen und zu beweisen. Der Antragsgegner erhält Gelegenheit, seine Sicht der Dinge darzustellen. Nach der schriftlichen Auseinandersetzung folgt im Regelfall eine mündliche Verhandlung mit Beweisaufnahme. Die Kosten des Mahnverfahrens werden dann auf die Kosten dieses Prozessverfahrens angerechnet. Ein Mahnverfahren ist also im Regelfall immer die kostengünstigere Lösung.

Mahnbescheid

Vollstreckungsbescheid

Widerspruch gegen den Mahnbescheid

Archivierung der
Ausgangsrech-
nungen

Archivierung der Ausgangsrechnungen
Zwecks Erfüllung der gesetzlich vorgeschriebenen Aufbewahrungsfrist müssen Ausgangsrechnungen in Deutschland 10 Jahre lang aufbewahrt werden. Zu diesem Zweck werden alle Rechnungen nach der Verbuchung meistens chronologisch und alphabetisch sortiert, in Ordnern, Kisten oder ähnlichen Ablagesystemen abgelegt und in dafür vorgesehenen Räumen gelagert. Nach Ablauf der Aufbewahrungsfrist können diese physisch vernichtet werden. Es ist zulässig, Ausgangsrechnungen anstatt in Papierform in einem speziellen elektronischen Archiv aufzubewahren. Dabei werden alle bereits gebuchten Rechnungen gescannt und auf einem Datenträger gespeichert. Nachdem sichergestellt wurde, dass alle Belege lückenlos gescannt worden sind, können die dazugehörigen Papierbelege vernichtet werden.

Weitere
Ausgangs-
rechnungen

d) Buchung weiterer möglicher Ausgangsrechnungen

> Innergemeinschaftliche Lieferungen
Lieferungen von Deutschland in andere EU-Mitgliedstaaten sind unter bestimmten Voraussetzungen von der Umsatzsteuer befreit. Damit dem Handwerksbetrieb diese **Umsatzsteuerbefreiung** gewährt wird, sind v. a. folgende Punkte zu beachten:

1. Prüfen, ob die Lieferung in Deutschland umsatzsteuerbar ist.

2. Prüfen, ob die Voraussetzungen für eine umsatzsteuerfreie innergemeinschaftliche Lieferung vorliegen.

3. Beleg- und buchmäßige Nachweispflichten beachten.

4. Anforderungen an die Ausgangsrechnung beachten.

5. Ausländische Währung umrechnen.

6. Erklärungs- und Meldepflichten beachten.

7. Vorsteuerabzug geltend machen.

Bevor die genannten Punkte erläutert werden, folgender Hinweis: Die gesetzliche Grundlage für eine umsatzsteuerfreie innergemeinschaftliche Lieferung sind insbesondere die §§ 4 Nr. 1 Buchstabe b und 6a Umsatzsteuergesetz (UStG) sowie die §§ 17a bis 17c Umsatzsteuer-Durchführungsverordnung (UStDV). Zu diesen strengen Regelungen hat das Bundesfinanzministerium (BMF) im Umsatzsteuer-Anwendungserlass (UStAE) ausführlich Stellung genommen. Insbesondere werden die Voraussetzungen für das Vorliegen einer innergemeinschaftlichen Lieferung, die beleg- und buchmäßigen Pflichten zum Nachweis dieser Voraussetzungen sowie die Gewährung von Vertrauensschutz erläutert (vgl. insbesondere Abschnitte 6 a.1. bis 6 a.8. UStAE). Diese Erläuterungen sollten unbedingt beachtet werden. Mögliche Fehler können noch Jahre später zu Umsatzsteuernachzahlungen führen.

Nachfolgend zu den Punkten 1 bis 7 im Einzelnen:

1. Prüfen, ob die Lieferung umsatzsteuerbar ist.
Es muss zunächst geprüft werden, ob die Lieferung in Deutschland umsatzsteuerbar ist. Falls das nicht zutrifft, ist zu prüfen, ob die Lieferung im Bestimmungsland umsatzsteuerbar und ggf. umsatzsteuerpflichtig ist. Falls die Lieferung in Deutschland umsatzsteuerbar ist, müssen folgende Punkte beachtet werden:

2. Prüfen, ob die Voraussetzungen für eine umsatzsteuerfreie innergemeinschaftliche Lieferung vorliegen.
Es muss geprüft werden, ob Voraussetzungen für eine umsatzsteuerfreie innergemeinschaftliche Lieferung vorliegen. Damit eine Lieferung von Deutschland in einen anderen EU-Mitgliedstaat im Inland (Deutschland) von der Umsatzsteuer befreit ist, müssen die folgenden vier Voraussetzungen erfüllt sein (§ 4 Nr. 1 Buchstabe b i. V. m. § 6a UStG):

— Die gelieferte Ware ist in einen anderen EU-Mitgliedstaat gelangt.

— Der Kunde ist ein Unternehmer. Die Unternehmereigenschaft des Kunden wird durch dessen im Zeitpunkt der Lieferung gültige ausländische Umsatzsteuer-Identifikationsnummer (USt-Id-Nr.) dokumentiert. Das Bestätigungsverfahren ist beim Bundeszentralamt für Steuern online möglich.

— Der Kunde hat die gelieferte Ware für sein Unternehmen erworben (bestellt ein Unternehmer mit einer gültigen ausländischen USt-Id-Nr., so gibt er zu erkennen, dass er die Ware für sein Unternehmen erwerben will; dies gilt auch für Handelswaren (Abschnitt 6 a.1. Abs. 13 UStAE regelt, dass von einem Erwerb der Ware für das Unternehmen des Kunden regelmäßig ausgegangen werden kann, wenn der Kunde mit einer ihm von einem anderen Mitgliedstaat erteilten, im Zeitpunkt der Lieferung gültigen USt-Id-Nr. auftritt und sich aus Art und Menge der erworbenen Ware keine berechtigten Zweifel an der unternehmerischen Verwendung ergeben).

— Der Erwerb der Ware unterliegt beim Kunden in einem anderen EU-Mitgliedstaat den Vorschriften der Umsatzbesteuerung, d. h., der Kunde ist verpflichtet, in einem anderen EU-Mitgliedstaat die Erwerbsbesteuerung durchzuführen (diese Verpflichtung wird durch die gültige ausländische USt-Id-Nr. des Kunden dokumentiert).

Nur wenn alle vier Voraussetzungen gleichzeitig erfüllt sind und der Lieferant das Vorliegen dieser Voraussetzungen nachweisen kann (vgl. 3. Spiegelstrich), liegt eine innergemeinschaftliche Lieferung vor, die in Deutschland umsatzsteuerfrei ist (in diesem Fall muss der Lieferant die folgenden Punkte 3 bis 7 beachten). Der Lieferant stellt eine Rechnung ohne Umsatzsteuer aus. Dies gilt im Prinzip auch in den Fällen, in denen die gelieferte Ware nicht direkt in einen anderen EU-Mitgliedstaat gelangt, sondern vor dem Transport dorthin durch einen oder mehrere Beauftragte des Kunden bearbeitet oder verarbeitet worden ist (Einzelheiten siehe unten).

Erbringt der Lieferant in Verbindung mit der umsatzsteuerfreien innergemeinschaftlichen Lieferung handelsübliche Nebenleistungen (z. B. Verpackung, Transport und/oder Versicherung der Ware), so sind diese Nebenleistungen ebenfalls umsatzsteuerfrei. In diesem Fall gilt der Grundsatz „Nebenleistungen teilen umsatzsteuerrechtlich das Schicksal der Hauptleistung" (vgl. Abschnitt 3.10. Abs. 5 UStAE).

Sonderregelung Werklieferung

Eine Werklieferung (Montagelieferung, Anlagenerrichtung oder Bauausführung) kann z. B. vorliegen, wenn ein deutscher Unternehmer eine Maschine oder Produktionsanlage liefert, die er erstmals beim Kunden in einem anderen EU-Mitgliedstaat montiert bzw. montieren lässt. Um eine Werklieferung kann es sich auch handeln, wenn ein Unternehmer ein Gebäude erstellt und die dabei benötigten Baumaterialien selbst beschafft. Für solche Werklieferungen gelten umsatzsteuerliche Sonderregelungen. Informationen hierüber sollten beim Steuerberater bzw. bei der jeweiligen Handwerkskammer eingeholt werden.

3.1 Beleg- und buchmäßige Nachweispflichten beachten.

Warenlieferungen in andere EU-Länder sind unter den o. g. Voraussetzungen von der Umsatzsteuer befreit. Das Vorliegen dieser Voraussetzungen muss der Verkäufer beleg- und buchmäßig nachweisen. Wie dies im Einzelnen zu geschehen hat, regeln die §§ 17a bis 17c UStDV.

So muss der Verkäufer unter anderem belegmäßig nachweisen, dass seine Ware auch tatsächlich in den anderen EU-Mitgliedstaat gelangt ist.

3.2 Buchmäßiger Nachweis bei innergemeinschaftlichen Lieferungen.

Außerdem muss der Lieferant die Voraussetzungen für die Umsatzsteuerbefreiung einer innergemeinschaftlichen Lieferung buchmäßig nachweisen (u. a. durch Aufzeichnung der ausländischen USt-Id-Nr. des Kunden und durch Aufzeichnung des Gewerbezweigs oder Berufs des Kunden; § 17c UStDV). Für jeden Kunden sollte der Lieferant eine qualifizierte Bestätigung über die Gültigkeit von dessen USt-Id-Nr. beim Bundeszentralamt für Steuern einholen. Die einzelnen Voraussetzungen müssen für jede innergemeinschaftliche Lieferung eindeutig und leicht nachprüfbar aus der Buchführung zu ersehen sein (vgl. § 17c UStDV und Abschnitt 6 a.7. UStAE).

4. Anforderungen an die Ausgangsrechnung beachten.

Die Rechnung über eine steuerfreie innergemeinschaftliche Lieferung wird ohne Umsatzsteuer ausgestellt. Neben den Pflichtangaben muss die Rechnung folgende zusätzliche Angaben enthalten (vgl. § 14 a UStG und Abschnitt 14 a.1. UStAE):

- Die deutsche USt-Id-Nr. des Lieferanten (Rechnungsaussteller).
- Die gültige ausländische USt-Id-Nr. des Kunden (Rechnungsempfänger).
- Einen Hinweis auf die Steuerfreiheit der Lieferung (z. B. „innergemeinschaftliche Lieferung").
- Die Rechnung muss bis zum 15. Tag des Monats, der auf den Monat folgt, an dem der Umsatz ausgeführt worden ist, ausgestellt werden. Erfolgte die Lieferung im Januar, muss die Rechnung bis zum 15. Februar ausgestellt werden.

5. Ausländische Währung umrechnen.
Rechnet der Lieferant in einer ausländischen Währung ab, so muss er für umsatz-steuerliche Zwecke den Rechnungsbetrag in Euro umrechnen. Umrechnungen können entweder nach den Durchschnittskursen, die das Bundesfinanzministeri-um monatlich bekannt gibt, erfolgen oder – mit Genehmigung des Finanzamtes – nach den Tageskursen, die durch Bankmitteilung oder Kurszettel nachzuweisen sind (vgl. § 16 Abs. 6 UStG und Abschnitt 16.4. UStAE).

6. Erklärungs- und Meldepflichten beachten.
Der Lieferant muss die Bemessungsgrundlagen, d. h. den Gesamtbetrag der Ent-gelte für seine umsatzsteuerfreien innergemeinschaftlichen Lieferungen, jeweils in der Umsatzsteuer-Voranmeldung und der Umsatzsteuererklärung gesondert angeben (§18b UStG). Des Weiteren muss er diese Entgelte – separat für jeden Kunden – monatlich in der Zusammenfassenden Meldung (ZM) dem Bundeszent-ralamt für Steuern auf elektronischem Weg übermitteln (§ 18a UStG). § 18a UStG enthält weitere Regelungen zur ZM, u. a. auch, in welchen Fällen die ZM nur viertel-jährlich abgegeben werden muss. Überschreiten die Lieferungen in andere EU-Staaten 500.000,- € im Vorjahr, muss der Lieferant diese im Rahmen der Intra-handelsstatistik dem Statistischen Bundesamt in Wiesbaden mitteilen (unter An-hang 3 der Anleitung zum Ausfüllen des Intrastat-Vordruck N-Versendung). Wird die vorgenannte Wertgrenze erst im laufenden Kalenderjahr überschritten, so be-ginnt die Meldepflicht mit dem Monat, in dem die Schwelle überschritten wurde, d. h., für diesen Monat ist die erste statistische Meldung abzugeben.

7. Vorsteuerabzug geltend machen.
Der Lieferant darf die deutschen Umsatzsteuerbeträge, die ihm im Zusammen-hang mit einer steuerfreien innergemeinschaftlichen Lieferung berechnet werden (z. B. die Umsatzsteuer, die ihm der Vorlieferant der umsatzsteuerfrei in einen an-deren EU-Mitgliedstaat weitergelieferten Ware berechnet, die Umsatzsteuer für Transportkosten u. Ä.), als Vorsteuer abziehen. Die Steuerbefreiung von innerge-meinschaftlichen Lieferungen schließt nämlich den Vorsteuerabzug nicht aus (§ 15 Abs. 3 Nr. 1 Buchstabe a UStG).

███ **Beispiel:**

Ihr Handwerksunternehmen liefert an einen Händler in Österreich Handels-waren. Sie berechnen dem österreichischen Händler einen Betrag von 10.000,- € netto ohne Umsatzsteuer. Der Empfänger der Lieferung weist durch seine Umsatzsteuer-Identifikationsnummer nach, dass er bei seinem Finanzamt in Österreich als Unternehmer geführt wird. Außerdem hat Ihr Handwerksbetrieb die Ausfuhr nachgewiesen und den Buchnachweis ge-führt.

Buchungssatz:

Soll	Betrag	an	Haben	Betrag
Debitor	10.000,- €	an	4125 Innergemein-schaftliche Lieferung § 4 Nr. 1b UStG	10.000,- €

Lieferungen in EU-Länder sind jedoch nur dann umsatzsteuerfrei, wenn der Empfänger ein Unternehmer ist, der den Erwerb in seinem Land als innerge-meinschaftlichen Erwerb der Umsatzsteuer zu unterwerfen hat.

Das hat zur Folge, dass die Lieferung umsatzsteuerpflichtig ist, wenn sie in ein anderes EU-Land erfolgt und der Empfänger den Erwerb in seinem Hei-matland nicht als innergemeinschaftlichen Erwerb der Umsatzsteuer zu un-terwerfen hat. Das ist z. B. der Fall, wenn die Lieferung ausgeführt wird an

– eine Privatperson,

– einen Unternehmer, der die Gegenstände privat erwirbt,

– einen Unternehmer, der steuerfreie Umsätze ausführt, die den Vorsteuer-abzug ausschließen,

– einen Kleinunternehmer oder

– einen Land- und Forstwirt mit pauschal versteuerten Umsätzen oder

– eine nicht unternehmerisch tätige juristische Person.

Bei einer Lieferung an Privatpersonen im EU-Ausland ist die deutsche Um-satzsteuer auszuweisen, solange die Lieferschwelle nicht überschritten wird. Der Handwerksunternehmer bucht die Erlöse auf ein Konto aus der Gruppe 4400 „Erlöse 19 % Umsatzsteuer". Wird die Lieferschwelle überschritten, bucht man auf das Konto 4336 „Erlöse aus im anderen EG-Land steuerbaren Leistungen, im Inland nicht steuerbare Umsätze". In Österreich z. B. beträgt die Lieferschwelle 35.000,- €.

> Lieferungen in ein Drittland

Ihr Unternehmen verkauft Handelswaren in die Schweiz für 10.000,- €.

Buchungssatz:

Soll	Betrag	an	Haben	Betrag
Debitor	10.000,- €	an	4120 Steuerfreie Umsätze § 4 Nr. 1a. UStG	10.000,- €

> Gutschriften aufgrund von Rücksendungen

Ihr Kunde sendet falsch gelieferte Handelswaren zurück.

Buchungssatz:

Soll		an	Haben	
4402 Erlöse Handelswaren 19 % USt.	Betrag	an	Debitor	Betrag

> Gutschriften aufgrund einer Mängelrüge

Ihr Kunde rügt, dass die gelieferten Handelswaren verschmutzt sind. Sie gewähren einen Preisnachlass.

Buchungssatz:

Soll		an	Haben	
4720 Erlösschmälerungen 19 % USt.	Betrag	an	Debitor	Betrag

> Gutschriften aufgrund getätigter Umsätze

Ihr Kunde erhält für getätigte Umsätze eine Bonusgutschrift.

Buchungssatz:

Soll		an	Haben	
4760 Gewährte Boni 19 % USt.	Betrag	an	Debitor	Betrag

Wiederholungsfragen

1. Welche Aufgaben umfasst die kreditorischen Buchhaltung?

    >> Seiten 39 bis 40

2. In welchem Nummernbereich liegen bei den Personenkonten die Kreditoren?

    >> Seite 40

3. Warum ist es sinnvoll, bei der Lieferantenstammsatzanlage die Kundennummer, mit der Ihr Unternehmen beim Lieferanten geführt wird, mit anzugeben?

    >> Seite 42

4. Die Zahlungsbedingungen beim Lieferanten zu hinterlegen ist sinnvoll. Erklären Sie, wozu diese benötigt werden!

    >> Seite 44

5. Welche Aufgaben zählen zur Debitorenbuchhaltung?

    >> Seite 46

6. In welchem Nummernbereich liegen bei den Personenkonten die Debitoren?

    >> Seite 46

7. Die Zahlungsbedingungen beim Kunden zu hinterlegen ist sinnvoll. Erklären Sie, wozu diese benötigt werden!

    >> Seite 50

8. Worin liegen die Vorteile, wenn man Finanzkonten in Lexware über den Modus „Einnahmen/Ausgaben in den Stapel" verbucht?

    >> Seiten 52 bis 53

9. Welche Vorteile bringen Nummernkreise?

    >> Seite 52

10. Wie gehen Sie vor, um ein Sachkontenblatt, z. B. das Sachkonto Kasse, zu drucken?

    >> Seiten 53 bis 54

11. Erklären Sie die Bedeutung von Interimskonten. Welches Interimskonto benötigt man für das Buchen von Löhnen und Gehältern?

    >> Seite

12. Auf welches Konto bucht man die Verbindlichkeiten für die geschätzte Sozialversicherungsvorauszahlung?

    >> Seite 57

13. Welcher Rechnungsbetrag definiert die Kleinbetragsrechnung?

    >> Seite 58

14. Nennen Sie die Mindestanforderungen an eine Kleinbetragsrechnung!

    >> Seite 58

15. Nennen Sie die Mindestanforderungen an eine Rechnung über 150,- €.

    >> Seite 59

16. Rechnungen über Teilleistungen/Anzahlungen kommen im Handwerksbetrieb oft vor. Welche Regelung bezüglich der Mehrwertsteuer trifft zu?

    >> Seiten 59 bis 60

17. Was versteht man und dem „Reverse Charge-Verfahren"?

    >> Seiten 60 bis 61

18. Erklären Sie beim Anlegen von Sachkonten, warum die Registerkarte „Eigenschaften" so wichtig ist!

    >> Seite 63

19. Wann wird eine Splittbuchung benötigt?

    >> Seite 66

20. Beschreiben Sie die Offene-Posten-Verwaltung!

    >> Seiten 70 bis 71

21. Beim Buchen der Postbankkontoauszüge möchten Sie den Ausgleich einer Kreditorenrechnung in der offenen Postenbuchhaltung ebenfalls ausbuchen. Wie gehen Sie dabei vor?

    >> Seiten 72 bis 74

22. Nennen Sie das Minderungskonto, welches bei Bezahlung einer Kreditorenrechnung unter Abzug von Skonto für Rechnungsbestandteile mit 19 % Vorsteuer bebucht wird!

    >> Seite 75

23. Auf welche Konten buchen Sie eine Gutschrift aufgrund

    a) einer Rücksendung von gelieferter Ware,

    b) eines Preisnachlasses einer Ware,

    c) einer Bonusgutschrift über getätigte Umsätze

       vom Lieferanten.

    >> Seiten 77 bis 78

24. Bei der Neuanlage eines Erlöskontos gibt man zusätzlich zum Umsatzsteuersatz auch die Umsatzsteuerposition in der Umsatzsteuervoranmeldung an. Warum ist diese Angabe notwendig?

    >> Seite 80

25. Welchen Ausdruck aktivieren Sie, wenn Sie von Ihren Kunden eine Offene-Posten-Liste benötigen?

    >> Seite 91

26. Nennen Sie das Minderungskonto, welches bei der Bezahlung einer Kundenforderung unter Abzug von Skonto für Rechnungsbestandteile mit 19 % Mehrwertsteuer bebucht wird!

    >> Seite 96

27. Was versteht man in der Debitorenbuchhaltung unter Forderungsmanagement?

    >> Seite 97

28. Welche Aufgaben umfasst das Forderungsmanagement?

    >> Seite 97

29. Erklären Sie die Rahmenbedingungen, wenn Sie in Lexware Mahnungen erstellen möchten!

    >> Seite 98

30. Erklären Sie den Unterschied zwischen der deutschen Zinsrechnung und der Europ. Zinsrechnung!

    >> Seite 99

31. Was versteht man unter Basiszinssatz? Wo ist dieser gesetzlich geregelt?

    >> Seite 99

32. Beschreiben Sie das gerichtliche Mahnverfahren!

    >> Seiten 104 bis 105

33. Wie lange müssen Ausgangsrechnungen aufbewahrt werden?

    >> Seite 106

34. Auf welche Konten buchen Sie eine Gutschrift aufgrund

    a) einer Rücksendung von gelieferter Ware,

    b) eines Preisnachlasses einer Ware,

    c) einer Bonusgutschrift über getätigte Umsätze

        vom Kunden?

    >> Seite 111

3. Kassenbuch anlegen, führen und prüfen

Kompetenzen

> Anforderungen an die Kassenbuchführung gemäß den Grundsätzen ordnungsmäßiger Buchführung in einem elektronischen Kassenbuch sowie der Belegablage umsetzen.
> Einzahlungen und Auszahlungen softwaregestützt im Kassenbuch erfassen.
> Kassenabschluss durchführen und prüfen.

3.1 Kassenbuchaufbau

> **Anforderungen an die Kassenbuchführung**
Die Kassenbuchführung erfasst den gesamten betrieblichen Barverkehr. Unabhängig von der Gewinnermittlungsart müssen Steuerzahler die Bareinnahmen grundsätzlich täglich aufzeichnen und die sog. Grundaufzeichnungen aufbewahren. Je nach Unternehmen kann das Kassenbuch aber in unterschiedlicher Form geführt werden. Hier unterscheidet sich dann das „ordnungsgemäße Kassenbuch" von der einfachen Dokumentation der Bar-Geschäftsvorfälle. Dies bedeutet allerdings nicht, dass EÜR-Buchführer gar keine Aufzeichnungen über ihre Bargeschäfte machen müssen, lediglich die Form ist nicht so streng geregelt wie bei den bilanzierenden Unternehmen. Hier genügt eine chronologische Belegsammlung, welche die einzelnen Transaktionen dokumentiert, sowie eine Liste dieser Aufzeichnungen.

Kassenbuchführung

Unerlässliche Voraussetzung für eine ordnungsmäßige Kassenbuchführung ist das Vorhandensein einer Geschäftskasse. Eine Geschäftskasse darf nicht nur buchmäßig geführt werden, sonst würde ein wesentliches Kontrollmittel zur Nachprüfung der Ordnungsmäßigkeit der Buchführung fehlen. Eine Geldkassette sollte mindestens vorhanden sein. Bei Betrieben mit erheblichen baren Umsätzen müssen eine Geschäftskasse und ein Kassenbuch geführt werden, um den gesamten betrieblichen baren Geldverkehr zu erfassen. Im Handwerksunternehmen sind die baren Umsätze eher gering. Der Sollbestand nach dem Kassenbuch oder dem Kassenbericht muss jederzeit mit dem tatsächlichen Kassenbestand auf die Richtigkeit hin überprüft werden können, sog. „Kassensturzfähigkeit". Wird die Kasse nur rechnerisch geführt, ist die Buchführung formell ordnungswidrig und kann der Besteuerung nicht zugrunde gelegt werden.

Voraussetzungen

> **Rechtsgrundlage**
Die Rechtsgrundlage folgt aus § 146 Abgabenordnung (AO) und aus § 22 Umsatzsteuergesetz (UStG), wonach jeder einzelne Umsatz aufzuzeichnen ist, und zwar vollständig, richtig, zeitgerecht und geordnet.

Rechtsgrundlage

> **Wie kann ein Kassenbuch geführt werden?**
Die Art der Kassenbuchführung hängt von der verwendeten Kasse ab. Kommt eine offene Ladenkasse zum Einsatz, muss das Kassenbuch entweder handschriftlich oder mithilfe einer entsprechenden Software geführt werden. Bei Ver-

wendung einer elektronischen Registrierkasse genügt die Aufbewahrung bestimmter Bons. Ein gesondertes klassisches Kassenbuch ist dann entbehrlich.

Aufbau

> **Der Aufbau des Kassenbuchs**

Ein Kassenbuch dokumentiert zu jedem Geschäftsvorfall folgende Informationen (die Reihenfolge ist dabei nicht vorgegeben):
- Datum des Geschäftsvorfalls
- fortlaufende Nummer (Belegnummer)
- Buchungstext
- Betrag und Währung der Einnahme oder Ausgabe
- zugrunde liegender Steuersatz
- Umsatzsteuer- bzw. Vorsteuerbetrag
- aktueller Kassenbestand.

Beschaffenheit

> **Beschaffenheit des Kassenbuchs**

Das Kassenbuch muss gebunden sein, also ein Buch im Wortsinn. Es darf nicht möglich sein, einzelne Seiten des Kassenbuchs ohne erkennbare Veränderung zu ersetzen. Üblicherweise werden Kassenbücher mit Durchschlag geführt. Eine Kassenbuchseite kann dann in die Buchführungsunterlagen übernommen werden, während die Durchschläge als Buch gebunden bleiben. Von der Verwendung einer einfachen Tabellenkalkulation ist nachdrücklich abzuraten.

3.2 Erfassung der Barvorgänge

3.2.1 Eintragungen in das Kassenbuch

Kassenbuch-
eintragungen

Die Eintragungen sind täglich, spätestens am Folgetag vorzunehmen. Das Festhalten des Kassenstands ist bei einzelnen Einträgen entbehrlich. Üblicherweise wird die Summe zum Ende einer Kassenbuchseite oder eines Voranmeldungszeitraums (häufig Monat) eingetragen. Im Kassenbuch sind keine Leerzeilen zulässig. Ggf. sind „übrige" Zeilen auf einer Kassenbuchseite mit der sog. „Buchhalternase" zu versehen oder anderweitig auszufüllen. Korrekturen müssen durch den Eintragenden abgezeichnet werden. Dabei ist die Lesbarkeit des alten und neuen Eintrags stets zu gewährleisten. Im Zweifelsfall muss die Kassenbuchseite neu angefertigt werden, wobei auch hier die fehlerhafte Seite im Kassenbuch zu archivieren ist. Eintragungen im Kassenbuch sind in deutscher Sprache vorzunehmen. Beträge sind als Eurobeträge Cent-genau einzutragen. Werden Beträge vergessen, sind diese zwingend nachzutragen (kein „Dazwischenschieben"). Grundsätzlich genügt die Eintragung im Zeitpunkt des Erkennens. Im von Hand geführten Kassenbuch kann man auf umsatzsteuerliche Details verzichten.

3.2.2 Muster eines Kassenbuchs (Auszug)

▬▬ **Beispiel:**

Der nachfolgende Auszug aus dem Kassenbuchs der Joma KG enthält alle Einnahmen und Ausgaben, die der Betrieb im Zeitraum 03.01. bis 30.01.2016 getätigt hat.

Kassenbuch

JOMA KG

Kasse Konto-Nr. 1600

Anfangsbestand: **1.500,00 €**

Zeitraum   vom: 03.01.2016   bis: 30.01.2016   Blatt 1

Einnahmen (€)	Ausgaben (€)	USt.%	Bestand (€)	Datum	Bel.-Nr.	Buchungstext	BU	Konto
	120,00	19,00	1.380,00	03.01.20XX	KA-1	Tanken	A	6530
2.000,00		0,00	3.380,00	03.01.20XX	KA-2	Privateinlage	E	2180
	62,00	0,00	3.318,00	05.01.20XX	KA-3	Kauf Briefmarken	A	6800
	238,00	19,00	3.080,00	07.01.20XX	KA-4	Kauf Büromaterial	A	6815
2.590,00		19,00	5.670,00	11.01.20XX	KA-5	Barverkauf Herren-Skijacke Oberstdorf	E	4401
	12,00	7,00	5.658,00	11.01.20XX	KA-6	Kauf Handelsgesetzbuch (HGB)	A	6820
380,00		19,00	6.038,00	13.01.20XX	KA-7	Barverkauf Damen-Outdoorjacke Hörnle	E	4401
66,00		7,00	6.104,00	18.01.20XX	KA-8	Barverkauf Fachbuch Sportartikel	E	4301
	59,50	19,00	6.044,50	18.01.20XX	KA-9	Kauf Büromaterial	A	6815
	500,00	0,00	5.544,50	20.01.20XX	KA-10	Privatentnahme	A	2100
	1.000,00	0,00	4.544,50	22.01.20XX	KA-11	Bareinzahlung auf Postbankkonto	A	1460
	119,00	19,00	4.425,50	24.01.20XX	KA-12	Tanken	A	6530
	52,00	19,00	4.373,50	25.01.20XX	KA-13	Kauf Büromaterial	A	6815
	30,00	7,00	4.343,50	28.01.20XX	KA-14	Blumengeschenk Fa. Skialpin Oberhofer Frau Bettina Oberhofer	A	6610
	83,95	19,00	4.259,55	29.01.20XX	KA-15	Tanken	A	6530
	19,90	7,00	4.239,65	30.01.20XX	KA-16	Kauf Fachzeitschrift für Buchhaltung	A	6820
	2.000,00	0,00	2.239,65	30.01.20XX	KA-17	Bareinzahlung auf Postbankkonto	A	1460

Schlussbestand: **2.239,65 €**

Auszug aus dem Kassenbuch

> ### Belegfunktion
> Der Anfangsbestand aus dem Vorjahr beträgt 1.500,- €. Hierzu ist kein Beleg vorhanden. Die Belegfunktion erfüllt das Kassenbuch vom Monat Dezember 2015, das mit diesem Kassenbestand endete.

> ### Ausgabe vom 03.01.2016: Beleg KA-1 für das Tanken eines Firmenfahrzeugs
> Ein betriebliches Fahrzeug wurde für 120,- € (Spalte „Ausgaben") betankt. Der dazugehörige Beleg erhält die Nummer 1 und wird als Nummer 1 abgeheftet.

Beleg für die Betankung eines Firmenfahrzeugs

> **Einnahme vom 03.01.2016: Beleg KA-2 für eine Privateinlage**
> Eine Privateinlage der Komplementärin Johanna Maurer über 2.000,- € (Spalte „Einnahmen"). Der dazugehörende Beleg ist ein Eigenbeleg und erhält die Nummer 2 und wird als Nummer 2 abgeheftet.

Eigenbeleg	Nettobetrag	**2.000,00** € ②
	+ 19 % Ust	--- €
	Bruttobetrag	2.000,00 €
Empfängerkonto	**Kasse**	
von Konto	**Johanna Maurer** (Komplementär)	
Verwendungszweck	**Privateinlage**	
Augsburg, 03.01.2016		

Beleg für eine Privateinlage

> **Ausgabe vom 05.01.2016: Beleg KA-3 für den Kauf von Briefmarken**
> Kauf von Briefmarken für 62,- € (Spalte „Ausgaben"). Der dazugehörende Beleg erhält die Nummer 3 und wird als Nummer 3 abgeheftet.

Beleg für den Kauf von Briefmarken

Im Beispiel beträgt der rechnerische Kassensaldo nach allen Geschäftsvorfällen, die im Januar angefallen sind, 2.239,65 €. Der Kassensaldo muss mit dem tatsächlichen Geldbestand in der Kasse übereinstimmen.

Info: Falls ein Kassenbeleg später eingereicht wird, sodass das Belegdatum nicht mit dem Datum des Geldflusses in der Kasse übereinstimmt, wird der Vorgang immer mit dem Datum der Geldbewegung erfasst.

3.3 Kassenbuchkontrolle, Kassensturz, Kassendifferenzen

Bei der Kassenbuchführung sind insbesondere folgende Punkte zu beachten:

> **Abschluss des Kassenbuches**
Leere Zeilen des Kassenbuches werden mit der sogenannten „Buchhalternase" durchgestrichen. Dadurch wird verhindert, dass nach dem Kassenabschluss versehentlich noch Einträge erfolgen.

Abschluss des Kassenbuches

Die Summe der Einnahmen (inkl. Vortrag vom Vorblatt oder Vormonat) wird errechnet.

Die Summe der Ausgaben wird errechnet.

Von der Summe der Einnahmen wird die Summe der Ausgaben abgezogen. Der verbleibende Betrag ist der **Kassensaldo** und muss in der Spalte „Bestand" mit dem laufend geführten Kassenbestand übereinstimmen.

> **Kassenbuchkontrolle**

Kassenbuchkontrolle

Grundsätzlich gilt, dass Eintragungen im Kassenbuch nicht geändert werden dürfen. Fehler, die unterlaufen sind, müssen allerdings im Kassenbuch korrigiert werden. Wichtig ist, dass die ursprüngliche Eintragung lesbar bleiben muss. Wenn Daten geändert werden, dann sollte das Datum der Änderung vermerkt werden.

Eintragungen dürfen im Kassenbuch also nicht überschrieben, durchgestrichen, überklebt, ausgelöscht, radiert oder mit Korrekturstift übermalt werden. Außerdem muss ein Stift verwenden werden, bei dem der Text nicht spurlos beseitigt oder geändert werden kann, d. h., es darf ein Kugelschreiber benutzt werden, jedoch kein Bleistift. Das Kassenbuch muss 10 Jahre lesbar sein.

> **Kassensturzfähigkeit**
Neben der rechnerischen Kontrolle der Kassenbestände (Fehlbeträge) innerhalb einer Betriebsprüfung wird häufig der Geldtransit „Kasse – Bank Verkehr und umgekehrt" geprüft. Deshalb ist hierbei auf die korrekte Datumsangabe im Kassenbuch in Verbindung mit der Verbuchung auf dem Kontoauszug zu achten. Bei dauernden ungewöhnlich hohen Kassenbeständen wird seitens der Betriebsprüfung ein **Kassensturz** vorgenommen. Hierbei wird überprüft, ob der tatsächliche Kassenbestand zum Prüfungszeitpunkt mit dem buchmäßigen Bestand übereinstimmt. Ist die Aufklärung etwaiger Differenzen zwischen Soll- und Ist-Bestand nicht möglich, liegt die Vermutung nahe, dass bei einem höheren Ist-Bestand Einnahmen nicht bzw. Ausgaben überhöht verbucht wurden. Bei einem niedrigeren Ist-Bestand können Entnahmen nicht verbucht sein, oder es kann ein Geldtransit auf ein dem Betriebsprüfer nicht bekanntes Bankkonto vorliegen. Deshalb ist die Durchführung einer Kassenfehlbetragsberechnung stichprobenhaft bei allen Betrieben mit größerem Barverkehr anzuraten. Auf die chronologische Eintragung im Kassenbuch ist besonders zu achten.

Kassensturz

Transitkonten

> **Transitkonten in Bezug auf Kassenbuchungen und Bankbuchungen**
In der Praxis werden zwischen der Barkasse und dem Bankkonto oft Gelder hin- und herbewegt. Wenn durch einen Geschäftsvorfall sowohl das Kassenkonto als auch das Bankkonto berührt werden, treten zwei Probleme auf:

Es gibt zwei Belege (Kassenbeleg und Bankbeleg) für die Geldbewegung. Diese liegen nicht zeitgleich vor.

Kassenvorgänge müssen aufgrund der Kassenbelege am gleichen Tag gebucht werden. Geschäftsvorfälle, die die Bank betreffen, können anhand der Bankbelege nur zeitversetzt durchgeführt werden.

§ 146 Abs. 1 Abgabenordnung schreibt vor: Die Buchungen und die sonst erforderlichen Aufzeichnungen sind vollständig, richtig, zeitgerecht und geordnet vorzunehmen. Kasseneinnahmen und Kassenausgaben sollen täglich festgehalten werden.

Damit ist der Buchungssatz „Kasse an Bank" oder „Bank an Kasse" in der Praxis nicht möglich. Sobald zeitliche Verschiebungen auftreten, wird ein Geldtransitkonto (Interimskonto) benötigt. Dieses Interimskonto ist ein Zwischenkonto, das lediglich eine Verrechnungsfunktion erfüllt.

Das Buchen von Geldverschiebungen erledigen Sie wie folgt:

Geldauszahlung von der Kasse auf das Postbankkonto:				
1600 Kasse	Betrag	**an**	1460 Geldtransit	Betrag
Geldeingang lt. Kontoauszug auf dem Postbankkonto:				
1460 Geldtransit	Betrag	**an**	1701 Postbank	Betrag

Die Buchung erfolgt also in zwei Schritten über das Geldtransitkonto. Das Geldtransitkonto muss nach der korrekten Verbuchung den Saldo 0,- € aufweisen.

> **Kassendifferenzen**
Da nicht an jedem Tag eine Endsumme gebildet wird, können Kassenfehlbeträge entstehen, die zunächst unbemerkt bleiben. Ein Kassenfehlbetrag kann sich nur rechnerisch ergeben. Tatsächlich kann aber nicht mehr Bargeld ausgegeben werden, als in der Kasse vorhanden ist.

Da es tatsächlich keine Kassenfehlbeträge geben kann, unterstellt der Betriebsprüfer, dass der Unternehmer nicht alle Einnahmen erfasst hat, und erhöht die Betriebseinnahmen um einen geschätzten Betrag.

Der Betriebsprüfer darf jedoch nicht die Summe aller Fehlbeträge addieren. Er darf die Einnahmen nur um den jeweils höchsten Fehlbetrag erhöhen zuzüglich des Betrags, der im Durchschnitt als üblicher Kassenbestand vorhanden ist.

Ergibt die Kassendifferenz einen Fehlbetrag, bucht man diesen auf das Konto 6300 „Sonstige Aufwendungen, unregelmäßig". Ist allerdings mehr Geld in der Kasse, als nach der Abrechnung sein dürfte, also ein Plus, bucht man diesen Plusbetrag auf das Konto 4839 „Sonstige Erträge, unregelmäßig".

3.4 Scheckverkehr

Scheckverkehr

> **Wesen des Schecks**
Der Scheck ist eine Anweisung an ein Kreditinstitut, zulasten des Kontos des Ausstellers einen bestimmten Geldbetrag zu zahlen. Der Scheck wird vom Zahlungspflichtigen ausgestellt und an den Empfänger übergeben.

Wesen des Schecks

> **Rechtsgrundlage (Scheckgesetz von 1933)**   Rechtsgrundlage
Der Scheck ist eine bei Sicht fällige Zahlungsanweisung. Er ist ein Wertpapier, und die Rechte aus dem Scheck kann nur der Besitzer der Urkunde geltend machen. Der Scheck ist ein geborenes Orderpapier, d. h., er kann nur durch Einigung, Indossament und Übergabe weitergegeben werden. Die sogenannte Überbringerklausel („Zahlen Sie ... an ... oder ÜBERBRINGER") macht aus dem geborenen Orderpapier ein Inhaberpapier, wodurch die Rechte aus dem Scheck formlos übertragen werden können. Einigung und Übergabe genügen.

Der Scheck gilt **nicht** als gesetzliches Zahlungsmittel. Wird der Scheck zur Tilgung von Schulden verwandt, so erfolgt die Hingabe als Zahlungsmittel erfüllungshalber, d. h., das alte Schuldverhältnis bleibt bestehen, und ein weiteres, gegenüber der bezogenen Bank, entsteht. Erst mit der Einlösung des Schecks erlöschen beide Schuldverhältnisse.

> **Bedeutung des Schecks**   Bedeutung
Der Scheck dient als Verfügungsmittel über Buchgeld. Er dient der Minimierung des Bargeldbestands und als bargeldloses Zahlungsmittel. Der Scheck ermöglicht dem Aussteller die Erwirtschaftung von Zinsgewinnen, da die Einlösung durch den Scheckempfänger meist erst einige Tage nach Ausstellung erfolgt. Der Empfänger eines Schecks kann sich durch die Einlösung Bargeld beschaffen.

> **Inhalt der Scheckurkunde**

– **Gesetzliche Bestandteile:** Die Urkunde muss bestimmte Bestandteile enthalten, damit sie ein Scheck im Sinne des Scheckgesetzes ist.
  • Bezeichnung als „Scheck" im Text der Urkunde.
  • Unbedingte Anweisung, eine bestimmte Geldsumme zu zahlen.
  • Name des bezogenen Kreditinstituts.
  • Zahlungsort (bei Fehlen = Ort des Bezogenen).
  • Ort (bei Fehlen = Ort des Ausstellers) und Ausstellungsdatum.
  • Unterschrift des Ausstellers.

– **Kaufmännische Bestandteile:** Die kaufmännischen Bestandteile sollen Bearbeitung, Einlösung und Abwicklung erleichtern.
  • Schecknummer.
  • Schecksumme in Ziffern.
  • IBAN des Ausstellers.
  • Name des Zahlungsempfängers.
  • Verwendungszweck.
  • Überbringerklausel.

> **Scheckarten**

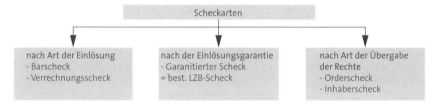

Scheckarten

– **nach Art der Einlösung:**

Barscheck

• **Barscheck**
  Der Barausscheck wird beim bezogenen Kreditinstitut in bar an den Überbringer des Schecks ausgezahlt. Das Risiko des Barschecks ist hoch, da er an jeden Vorleger bar ausgezahlt werden kann und somit eine Zurückverfolgung unmöglich ist. Der Barscheck kann jedoch mittels Kreuzung (z. B. durch Anbringung des Vermerks „Nur zur Verrechnung") zum Verrechnungsscheck gemacht werden und darf dann nicht mehr bar ausgezahlt werden.

Verrechnungs-
scheck

• **Verrechnungsscheck**
  Der Verrechnungsscheck trägt den Vermerk „Nur zur Verrechnung" und kann nur im Wege der Verrechnung eingelöst werden. Eine Barauszahlung ist nicht möglich, der Vermerk kann nicht gestrichen werden. Die Sicherheit eines Verrechnungsschecks ist höher, da sich der Einzugsweg einfach zurückverfolgen lässt. Nachteil des Verrechnungsschecks ist, dass der Scheck ohne Konto nicht eingelöst werden kann.

– **nach der Einlösungsgarantie**

- **Bestätigter LZB-Scheck**
  Die Deutsche Bundesbank (bzw. die EZB) versieht auf sie gezogene Schecks
  auf Antrag des Ausstellers mit einem Bestätigungsvermerk. Sie übernimmt
  damit die Einlösung, wenn der Scheck innerhalb von 8 Tagen zur Zahlung
  vorgelegt wird. Der bestätigte Scheck wird nur von der Landeszentralbank
  bar ausgezahlt, die den Bestätigungsvermerk angebracht hat. Andere Zweig-
  stellen schreiben ihn sofort vorbehaltlos gut. Bestätigte Schecks werden
  meist für größere Zahlungen verwandt, z. B. bei Auktionen. Dadurch wird das
  Risiko des Bargeldtransports (Diebstahl) ausgeschaltet.

  Vorgang:
  - Bestätigung des vom Kreditinstitut über sein LZB-Konto auf die Bundesbank
    gezogenen Schecks.
  - Gleichzeitige Belastung des Kundenkontos mit dem Scheckbetrag.
  - Umbuchung des Scheckbetrags auf ein Deckungskonto.
  - Nach 8 Tagen erlischt die Einlösungsgarantie.
  - Nach 15 Tagen Rückbuchung auf das Kundenkonto.
  - Bestätigungsprovision für die LZB u. Bearbeitungsgebühren des Kreditinsti-
    tutes werden belastet.

– **nach Art der Übertragung der Rechte**

- **Orderscheck**
  Orderschecks sind nur an den legitimierten Vorleger zahlbar. Sie tragen die
  Klausel „oder Order" und haben am rechten Rand einen roten Streifen mit
  dem Wort „Orderscheck". Orderschecks müssen vor ihrer Weitergabe indos-
  siert werden, d. h. auf der Rückseite vom Vorbesitzer unterschrieben werden.
  Durch das Indossament werden die Rechte aus dem Scheck auf den „neuen
  Besitzer" übertragen. Der Indossant übernimmt die scheckrechtliche Haf-
  tung und kann im Wege des Rückgriffs zur Zahlung gezwungen werden. Das
  Indossament kann ein Voll- oder ein Blankoindossament sein. Vor der Einlösung ist das Kreditinstitut verpflichtet, Indossament und Legitimation des
  Vorlegers zu überprüfen.

- **Inhaberscheck**
  Der Inhaberscheck trägt die Überbringerklausel, durch die eine formlose
  Übertragung des Schecks möglich ist. Der Scheck ist an den Inhaber zahlbar,
  das Kreditinstitut ist nicht verpflichtet, die Legitimation des Vorlegers zu
  überprüfen.

LZB-Scheck

Orderscheck

Inhaberscheck

Vorlegungs-
fristen

> **Vorlegungsfristen von Schecks**

Die Vorlegungsfristen sollen die Nutzung des Schecks als Kreditmittel verhindern. Die Umlaufzeit von Schecks soll begrenzt werden. Schecks sind generell bei Sicht zahlbar, d. h., vordatierte Schecks etc. werden sofort bei Sicht eingelöst. Die Vorlegungsfristen von Schecks betragen

- 8 Tage für im Inland ausgestellte Schecks,
- 20 Tage für im europäischen Ausland und in Mittelmeerländern ausgestellte Schecks,
- 70 Tage für ausgestellte Schecks in den sonstigen Ländern.

Durch die rechtzeitige Vorlage des Schecks sichert sich der Schecknehmer die scheckrechtlichen Rückgriffsansprüche gegen Indossanten und den Aussteller. Wird der Scheck erst nach Ablauf der Vorlegungsfrist vorgelegt, so verliert der Schecknehmer seinen scheckrechtlichen Rückgriffsanspruch und kann seine Ansprüche nur noch bürgerlich-rechtlich geltend machen.

Das Kreditinstitut ist zur Einlösung von Schecks während der Vorlegungsfrist verpflichtet, sofern Deckung vorhanden ist. Nach Ablauf der Frist muss das Kreditinstitut vorgelegte Schecks nicht mehr einlösen.

Widerruf von
Scheks

> **Widerruf von Schecks**

Der Widerruf von Schecks ist möglich. Nach den Bedingungen für den Scheckverkehr der Banken und Sparkassen kann der Widerruf allerdings nur beachtet werden, wenn er dem bezogenen Kreditinstitut so rechtzeitig zugeht, dass seine Berücksichtigung „im Rahmen des ordnungsgemäßen Arbeitsablaufs" möglich ist. Die Vorlegungsfrist ist nicht maßgebend.

Scheckeinlösung

> **Einlösung von Schecks**

Das bezogene Kreditinstitut muss Schecks einlösen, wenn
- der Scheck innerhalb der Vorlegungsfrist vorgelegt wird,
- der Scheck nicht widerrufen ist,
- die Deckung des Schecks vorhanden ist.

Das bezogene Kreditinstitut kann Schecks einlösen,
- wenn keine ausreichende Deckung vorhanden ist (geduldete Überziehung),
- nach Ablauf der Vorlegungsfrist,
- wenn der Scheck Formfehler aufweist.

Das bezogene Kreditinstitut muss die Einlösung von Schecks verweigern bei:

– Widerruf des Schecks,

– Zweifeln an der Berechtigung der Vorlage.

> **Nichteinlösung und Rückgabe von Schecks**
Der Scheckinhaber hat ein Rückgriffsrecht (Regressrecht), wenn der Scheck vom bezogenen Institut nicht eingelöst wird. Dieses richtet sich gegen den Aussteller bzw. gegen die eventuellen Indossanten. Der Scheckinhaber hat die Pflicht, seinen unmittelbaren Vormann sowie den Aussteller innerhalb von vier Werktagen von der Nichteinlösung des Schecks zu benachrichtigen.

Nichteinlösung
und Rückgabe

Info: Kreditkartenumsätze gehören nicht zu den Bareinnahmen.

Kreditkartenumsätze werden über ein Interimskonto im Soll über Konto 1460 bzw. über eigene Verrechnungskonten, z. B. Konto 1461 „Geldtransit Eurocard" gebucht; Gegenkonto ist jeweils ein Erlöskonto im Haben. Mit der Gutschrift durch die Kreditkartenorganisation wird das Interimskonto ausgeglichen. Die Buchung erfolgt auf diesem Konto im Haben, Gegenkonto im Soll ist das Bankkonto. Abzüge und Gebühren der Kreditkartenorganisation werden ebenfalls über das Interimskonto im Haben gebucht.

Die Beweiskraft einer ansonsten ordnungsmäßigen Buchführung ist erschüttert, wenn bei einem Geschäftspartner des Steuerpflichtigen Rechnungen vorgefunden werden, aus denen zweifelsfrei Barzahlungsvorgänge erheblichen Umfangs hervorgehen, die in der Buchführung nicht erfasst sind.

Der Geldspeicher eines Geldeinwurfautomaten ist im Zeitpunkt der Entleerung eine Kasse, sodass die Kasseneinnahmen zeitgerecht aufgezeichnet werden müssen.

3.5 Belegkontrolle

Grundsätze einer ordnungsmäßigen Kassenbuchführung

Zusammenfassend sollen hier noch einmal **die wichtigsten Grundsätze zur Führung eines Kassenbuches** aufgeführt werden.

> Keine Buchung ohne Beleg; dies gilt auch für Privatentnahmen und -einlagen; hier müssen Eigenbelege erstellt oder vorhandene Quittungen eingereicht werden.
> Die Eintragungen müssen vollständig, richtig, zeitgerecht und geordnet vorgenommen werden.
> Kassenaufzeichnungen müssen so geführt sein, dass der Soll-Bestand jederzeit mit dem Ist-Bestand verglichen werden kann.
> Eine regelmäßige Kassenprüfung durch Nachzählen ist unerlässlich.
> Der Kassenbestand darf nie negativ sein, denn eine Kasse kann nicht weniger als 0,- € ausweisen.
> Geldverschiebungen zwischen Kasse und Bank müssen festgehalten werden (Geldtransit).
> Auch Privateinlagen und -entnahmen sind täglich aufzuzeichnen.
> Private Vorverauslagung und deren Erstattung aus der Kasse sind als Ausgabe zu erfassen, Datum ist das Datum der Auszahlung aus der Kasse.
> Eintragungen im Kassenbuch dürfen nachträglich nicht mehr verändert oder unkenntlich gemacht werden. Bei fehlerhaften Eintragungen wird eine Streichung so vorgenommen, dass die ursprüngliche Eintragung noch lesbar bleibt. Anschließend erfolgt eine Berichtigung mittels einer neuen Eintragung.
> Die Einnahmen und Ausgaben sollen täglich festgehalten werden.

Diese Voraussetzungen müssen eingehalten werden, da bei einer Barkasse keinerlei Fremdkontrollmöglichkeiten existieren, wie z. B. Kontoauszüge bei einem Bankkonto.

Fehler der Kassenbuchführung

Typische Fehler der Kassenbuchführung

Zu den typischen Fehlern der Kassenbuchführung gehören vor allem:

> Kassenbewegungen werden gar nicht oder falsch erfasst.

> Es erfolgt keine rechnerische Führung der Kasse (Kassenbericht) oder nur eine rechnerische Führung (Nichtzählung des Kassenbestandes).

> Die jederzeitige Kassensturzfähigkeit ist nicht gewährleistet.

> Das Hartgeld wird nicht im Gesamten gezählt.

> Beim Einsatz von Registrierkassen werden die Kontrollstreifen (Tagessummenbons) nebst fortlaufender Nummerierung des Zählers nicht aufbewahrt.

> Belege werden nicht vollständig aufbewahrt.

> Es werden keine Eigenbelege für Privatentnahmen erstellt.

> Es erfolgt keine zeitnahe Erfassung im Kassenbuch.

> Ordnungs- und Aufbewahrungsfristen werden nicht eingehalten.

> Tageseinnahmen werden ohne Beleg gebucht.

3.6 Archivierung des Kassenbuchs und der Kassenbelege

Archivierung des
Kassenbuchs

Zwecks Erfüllung der gesetzlich vorgeschriebenen Aufbewahrungsfrist müssen Kassenbuch und Kassenbelege in Deutschland 10 Jahre lang aufbewahrt werden. Zu diesem Zweck werden alle Belege und auch das Kassenbuch nach der Verbuchung meistens chronologisch und alphabetisch sortiert, in Ordnern, Kisten oder ähnlichen Ablagesystemen abgelegt und in dafür vorgesehenen Räumen gelagert. Nach Ablauf der Aufbewahrungsfrist können diese physisch vernichtet werden. Es ist zulässig, Kassenbelege und Kassenbuch anstatt in Papierform in einem speziellen elektronischen Archiv aufzubewahren. Dabei werden alle bereits gebuchten Belege gescannt und auf einem Datenträger gespeichert. Nachdem sichergestellt wurde, dass alle Belege lückenlos gescannt worden sind, können die dazugehörigen Papierbelege vernichtet werden.

Das Bundesfinanzministerium (BMF) hat mit Schreiben vom 26.11.2010 zur Aufbewahrung der mittels Registrierkassen, Waagen mit Registrierkassenfunktion, Taxametern und Wegstreckenzählern erfassten Geschäftsvorfälle Stellung genommen: Danach müssen alle steuerlich relevanten Einzeldaten einschließlich der mit einer Registrierkasse erzeugten Rechnungen unverändert und vollständig aufbewahrt werden. Eine Verdichtung ist ebenso unzulässig wie eine Aufbewahrung ausschließlich in ausgedruckter Form. Nach der im BMF-Schreiben vertretenen Auffassung müssen auch die Registrierkassen sowie die mit ihrer Hilfe erstellten digitalen Unterlagen seit dem 01.01.2002 neben den Grundsätzen ordnungsmäßiger DV-gestützter Buchführungssysteme (GoBS) auch den Grundsätzen zum Datenzugriff und zur Prüfbarkeit digitaler Unterlagen (GDPdU) entsprechen. Entsprechend müssen die digitalen Unterlagen und die Strukturinformationen in einem auswertbaren Datenformat vorliegen.

Wiederholungsfragen

1. Beschreiben Sie die Anforderungen an eine Kassenbuchführung!

   >> Seite 115

2. Wie muss ein Kassenbuch aufgebaut sein?

   >> Seite 116

3. Wie muss ein Kassenbuch beschaffen sein?

   >> Seite 116

4. Wie sind die Eintragungen in ein Kassenbuch vorzunehmen?

   >> Seite 116

5. Wie wird der Abschluss des Kassenbuches durchgeführt?

   >> Seite 119

6. Was versteht man unter Kassenbuchkontrolle?

   >> Seite 119

7. Was versteht man unter Kassensturzfähigkeit?

   >> Seite 119

8. Warum benötigt man Transitkonten bei Geldbewegungen innerhalb der Firma?

   >> Seite 120

9. Wie geht man mit Kassendifferenzen um?

   >> Seiten 120 bis 121

10. Erklären Sie das Wesen von Schecks!

    >> Seite 121

11. Nennen Sie die Bestandteile eines Schecks!

    >> Seite 122

12. Wie werden die Scheckarten unterschieden?

    >> Seiten 122 bis 123

13. Gehören Kreditkartenumsätze zu den Bareinnahmen?

    >> Seite 125

14. Nennen Sie die wichtigsten Grundsätze bei der Führung eines Kassenbuches!

    >> Seite 126

15. Welche typischen Fehler können bei der Kassenbuchführung vorkommen?

    >> Seiten 126 bis 127

16. Wie lange müssen Sie das Kassenbuch und die dazugehörigen Belege aufbewahren?

    >> Seite 127

17. Dürfen das Kassenbuch und die dazugehörigen Belege nur elektronisch aufbewahrt werden?

    >> Seite 127

4. Lohnabrechnung vorbereiten

Grundlagen der Personalverwaltung

Personalver-
waltung

Personalverwaltung bezeichnet die administrativen sowie routinemäßigen
Aufgaben des Personalbereichs (im Gegensatz zur Personalpolitik).

Gründe für die Durchführung der Personalverwaltung

> Gesetzliche und behördliche Vorschriften.

> Erfordernisse aufgrund von Tarifverträgen und Betriebsvereinbarungen.

> Anforderungen durch Verbände und Sozialversicherungsträger.

> Bedürfnisse des Unternehmens und seiner Entscheidungsträger.

> Wünsche der Mitarbeiter.

Aufgaben der Personalverwaltung

Aufgaben

> Informationsaufgabe = Personaldatenverwaltung. Daten werden erfasst, ge-
speichert, bearbeitet, verändert und gesichert.

> Abwicklungsaufgabe = Personalarbeit. Abwicklung personeller Vorgänge, admi-
nistrative Durchführung von Einstellungen, Beförderungen, Umgruppierungen,
Jubiläumsmeldungen, formale Bearbeitungen von Versetzungen, Austritte von
Mitarbeitern.

> Abrechnungsaufgaben. Abrechnung des Entgelts, der Löhne und Gehälter, Rei-
sekosten, Fahrtkosten, Firmenwagen usw.

> Meldeaufgaben. Externe Meldungen, z. B. an das Finanzamt, die Berufsgenos-
senschaften und an Krankenkassen.

> Personalstatistik. Zahlenmäßige Betrachtung und Darstellung der Belegschaft.

> Datenschutz. Schutz vor Missbrauch personenbezogener Daten.

> Sozialverwaltung, Betreuung der Sozialeinrichtungen des Betriebes.

> Überwachungsaufgaben. Überwachung der Einhaltung gesetzlicher, tariflicher
und einzelvertraglicher Regelungen.

Ziele

Ziele der Personalverwaltung

> **Transparenz:** Die Gegebenheiten und Vorgänge im Personalwesen müssen durch die Personalverwaltung bei den Mitarbeitern offenkundig gemacht werden.

> **Aktualität:** Die Ergebnisse der Personalverwaltung müssen kurzfristig vorliegen, damit das Personalwesen kontrollieren und überprüfen kann, ob alle Vorgänge richtig und notwendig sind, und schnell Maßnahmen ergreifen kann, die rechtzeitig wirken.

> **Fehlerfreiheit:** Hinter jedem Vorgang im Personalwesen stehen Menschen und Schicksale. Fehler können schwerwiegende Folgen für die Mitarbeiter, aber auch rechtliche Probleme für das Unternehmen bedeuten.

> **Aussagekraft:** Die Ergebnisse der Personalverwaltung sind gleichzeitig Grundlage für andere Entscheidungen im Betrieb.

> **Wirtschaftlichkeit:** Auch im Personalwesen ist eine kostenoptimale Arbeitsweise erforderlich.

> **Vertraulichkeit:** Gewährleistung durch Einhaltung der Regelungen des Datenschutzes.

Personalab-
rechnung

Zentrale Aufgaben der Personalabrechnung

> Vorbereitende Tätigkeiten beim Eintritt neuer Mitarbeiter mit der Eröffnung eines Lohnkontos und der Anmeldung bei den Sozialversicherungsträgern.

> Abrechnung der Bezüge, d. h. Ermittlung des Gesamtbezüge, der Lohn- und Lohnnebensteuern sowie der Abzüge für die Sozialversicherung und Erstellung der Entgeltabrechnung.

> Meldung und Überweisung der Lohnabzüge an die Sozialversicherungsträger, das Finanzamt und die externen Zahlungsempfänger.

> Monatsabschlussarbeiten mit Mitarbeiteraustritten, Meldungen an die Sozialversicherungsträger sowie die Erstellung von Personalstatistiken.

> Jahresabschlussarbeiten mit dem Abschluss der Lohnkonten, Meldungen an die Sozialversicherungsträger, die Agentur für Arbeit und die Statistikämter.

Gesetzliche
Grundlagen

Gesetzliche Grundlagen
Der Arbeitgeber behält im Rahmen der Lohn- und Gehaltsabrechnung vom Arbeitnehmer Steuerbeträge (Lohnsteuer, Kirchensteuer und Solidaritätszuschlag) ein. Die gesetzlichen Vorschriften hierzu sind im Einkommensteuergesetz (EStG) geregelt. Ergänzend dazu gibt es die Einkommensteuer- und Lohnsteuer-Richtlinien (EStR; LStR) sowie die Einkommensteuer- und Lohnsteuer-Durchführungsverordnungen (EStDV; LStDV). Ein gesondertes Lohnsteuergesetz gibt es nicht, da die Lohnsteuer keine eigenständige Steuer ist, sondern eine besondere Erhebungsform der Einkommensteuer darstellt.

Sozialversicherungsrecht
Neben den Steuern werden die Sozialversicherungsbeiträge vom Arbeitgeber einbehalten und abgeführt. Auch der Arbeitgeber zahlt zusätzlich einen eigenen An-

teil an den Sozialversicherungsbeiträgen. Die gesetzlichen Regelungen dazu sind in den Sozialgesetzbüchern (SGB) zu finden.

Arbeitsgesetze

In vielen Arbeitsgesetzen sind das Berufsleben sowie die Rechte und Pflichten von Arbeitnehmern und Arbeitgebern geregelt. Sie dienen vor allem dazu, Beschäftigte vor Gefahren, sozialen Belastungen oder der Übermacht des Arbeitgebers zu schützen. Sie regeln aber auch Mitbestimmungsmöglichkeiten des Arbeitnehmers. Auch werden in diesen Gesetzen Arbeitszeiten, Teilzeitarbeit oder Urlaubsansprüche geregelt. Damit haben diese Gesetze unmittelbaren Einfluss auf die Lohn- und Gehaltsabrechnung. **Wichtige Arbeitsgesetze** sind:

> Arbeitszeitgesetz

> Bundesurlaubsgesetz

> Entgeltfortzahlungsgesetz

> Mutterschutzgesetz

> Allgemeines Gleichbehandlungsgesetz

> Tarifvertragsgesetz

> Jugendarbeitsschutzgesetz

> Nachweisgesetz.

Zu beachten sind aber auch Tarifverträge, Betriebsvereinbarungen und einzelvertragliche Regelungen.

Wichtige Arbeitsgesetze

4.1 Erfassung der Mitarbeiterdaten

4.1.1 Personalstammdaten

Personalstammdaten

Sie benötigen von Ihrem Mitarbeiter zur Anlage der Stammdaten u. a. folgende Unterlagen:

> Sozialversicherungsausweis: Zum Anmelden bei den Sozialversicherungen benötigen Sie aus dem Sozialversicherungsausweis die Sozialversicherungsnummer. Eine Kopie genügt.

> Elektronische Lohnsteuerbescheinigung des Arbeitnehmers: Daraus ermitteln Sie die Steuer-Id, mit der Sie die elektronischen Lohnsteuerabzugsmerkmale anfordern können, aber auch, um bisherige Verdienste von alten Arbeitgebern zu erfassen.

> Mitgliedsbescheinigung der Krankenkasse: Aus dieser Bescheinigung entnehmen Sie, bei welcher Krankenkasse Sie Ihren neuen Mitarbeiter anmelden können.

> Bankdaten des Mitarbeiters.

▰▰▰ **Beispiel:**

Für Julian Gerster, Ihren neuen Mitarbeiter, haben Sie bereits ein Personaldatenblatt angelegt, das folgende Daten enthält:

Personaldatenblatt

Personaldatenblatt für Gerster Julian	
Persönliche Daten	
Personalnummer	1
Name, Vorname	Gerster, Julian
Geburtsdatum	06.08.1960
Geburtsname	Gerster
Straße	Singoldweg 6
PLZ, Ort	86399 Bobingen
Staatsangehörigkeit	deutsch
Telefon	08234 951618
E-Mail	Julian.gerster@web.de
Name der Bank	Stadtsparkasse Augsburg
BLZ	720 500 00
Kontonummer	568 758
IBAN	DE94 7205 0000 0000 5687 58
Firmen-Organisation	
Beginn der Beschäftigung	01.01.2015, unbefristet
Mitarbeiterkreis (Lohn/Gehalt)	Lohn
Vollzeit/Teilzeit	Vollzeit
Regelmäßige Wochenarbeitszeit	38 Stunden
Stundenlohn/Monatslohn (EURO)	ab 01.01.2015 15,60 € ab 01.04.2015 15,90 €
Meldewesen	
Schulbildung	Hauptschule
Berufsausbildung	keine
Stellung im Beruf	Arbeiter
Personengruppe	101
Tätigkeitsschlüssel	513122111

Sozialversicherung	
Sozialversicherungsnummer	61060860G005
Krankenversicherungsträger	AOK Bayern
Krankenversicherungspflicht (ja/nein)	ja
Rentenversicherungspflicht (ja/nein)	ja
Lohnsteuer	
Lohnsteuerbescheinigung liegt vor (ja/nein)	ja
Finanzamt	Augsburg-Land
Finanzamtsnummer	9102
Steueridentifikationsnummer	25 501 346 799
Steuerklasse/Faktor	3
Familienstand	verheiratet
Kinder	2
Steuerfreibetrag (ja/nein)	ab. 01.01.2015 100,- € monatlich, 1.200,- € jährlich
Gefahrtarifstelle/Gefahrklasse	1201/3,5

	Vertrag 1	
Vertragsnummer	LBS Bayern, 23/150186-10	
Name der Bank	LBS Bayerische Landesbausparkasse	
BLZ	700 500 00	
Kontonummer	86 801	
IBAN / BIC	DEE45700500000000086801	BYLADEMMXXX
Sparbetrag	36,- € ab 01.01.2015	
Arbeitgeberzu-schuss	20,- € ab 01.01.2015	
Urlaub		
Anspruch im laufenden Jahr	30 Tage	

4.1.2 Mitarbeiter in Lexware anlegen

Mithilfe des integrierten Programmmoduls „Personalmanager" werden die Arbeit-nehmer/-innen verwaltet.
Wählen Sie im Menü „Datei" den Befehl „Personalmanager". Da bisher noch kein Mitarbeiter angelegt wurde, erhalten Sie einen Hinweis, ob Sie einen neuen Mitarbeiter anlegen möchten. Bestätigen Sie mit „Ja".

Einen neuen Mitarbeiter in Lexware anlegen

Geben Sie nun laut Personalstammblatt die nachfolgenden Daten ein.

> **Mitarbeiterassistent „Allgemein – Persönliche Angaben"**

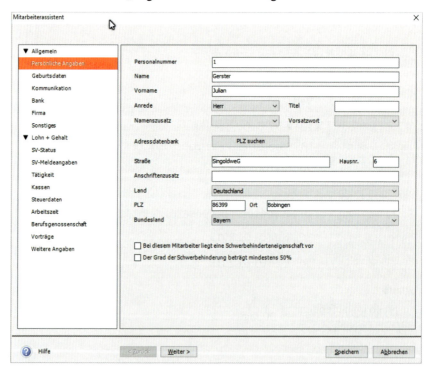

Erfassungsmaske „Persönliche Angaben"

Auf der Seite „Persönliche Angaben" des Mitarbeiterassistenten erfassen Sie die Personalnummer sowie Name und Anschrift des Mitarbeiters.

Personalnummer: Jedem Mitarbeiter müssen Sie eine Personalnummer vergeben. Die Personalnummer ist bei jeder Mitarbeiterauswahl in Lexware „Lohn + Gehalt" als Sortierkriterium verfügbar. Sie wird auf Berichten ausgegeben, wie z. B. Lohnabrechnung, Lohnkonto und Lohnjournal. Die Personalnummer kann Ziffern und Buchstaben enthalten. Das Programm schlägt eine Personalnummer vor, die um eins höher ist als die zuletzt verwendete. Für den ersten Mitarbeiter wird als Personalnummer „1" vorgeschlagen. Die Personalnummer muss eindeutig sein. Zwei Mitarbeiter können nicht dieselbe Personalnummer haben. Dies gilt auch dann, wenn einer der beiden Mitarbeiter ausgetreten ist.

Name: Wenn der Name des Mitarbeiters Zusätze aus ehemaligen Adelstiteln wie „Graf" oder „von" enthält, dann geben Sie im Feld „Name" den Nachnamen ohne diese Zusätze ein. Die Namenszusätze wählen Sie aus den Listenfeldern „Namenszusatz" und „Vorsatzwort" aus. Diese getrennte Erfassung ist für die Meldungen zur Sozialversicherung notwendig.

Anschrift: Die Anschrift des Mitarbeiters wird auf der Lohnabrechnung ausgedruckt und in Meldungen wie SV-Meldungen und der elektronischen Lohnsteuerbescheinigung gemeldet. Als Land ist Deutschland voreingestellt. Wählen Sie zusätzlich das Bundesland aus, in dem der Mitarbeiter wohnt. Wenn der Mitarbeiter nicht in Deutschland wohnt, dann wählen Sie das Wohnland aus der Liste aus. Ein Bundesland ist dann nicht einzugeben.

Gehen Sie auf die Schaltfläche „Weiter".

> **Mitarbeiterassistent „Allgemein – Geburtsdaten"**

Erfassungsmaske „Geburtsdaten"

Auf der Seite „Geburtsdaten" des Mitarbeiterassistenten erfassen Sie Geburtsdatum und das Geschlecht des Mitarbeiters.

Geburtsdatum: Das Geburtsdatum wird verwendet für Meldungen zur Sozialversicherung, wenn die SV-Nummer nicht bekannt ist oder für den Mitarbeiter bislang keine SV-Nummer vergeben wurde, in der Anmeldung zum ELStAM-Verfahren sowie zur automatischen Berücksichtigung des steuerlichen Altersentlastungsbetrags.

Geben Sie das Geburtsdatum so ein, wie es auf amtlichen Dokumenten eingetragen ist. Wenn das genaue Geburtsdatum nicht bekannt ist, dann enthalten amtliche Dokumente Geburtsdaten mit „00" für Tag und/oder Monat, z. B. 00.07.1975. Setzen Sie in diesem Fall einen Haken in das Kontrollkästchen „Das genaue Geburtsdatum ist nicht bekannt". Das Eingabefeld für das Geburtsdatum ändert sich. Geben Sie die bekannten Geburtsdaten ein, z. B. Monat und Jahr. Die im amtlichen Dokument mit „00" angegebenen Teile des Geburtsdatums belassen Sie so. Sie müssen das Geburtsdatum in „Lohn + Gehalt" mit 00 eingeben. Andernfalls kann der Mitarbeiter im ELStAM-Verfahren und ggf. in der Sozialversicherung nicht identifiziert werden.

Geschlecht: Das angegebene Geschlecht bestimmt die Anrede auf der Lohnabrechnung und wird für programmseitige Prüfungen verwendet.
Gehen Sie auf die Schaltfläche „Weiter".

> **Mitarbeiterassistent „Allgemein – Kommunikation"**

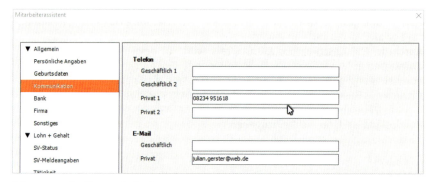

Erfassungsmaske „Kommunikation"

Geben Sie hier Telefonnummer und ggfs. E-Mail-Adresse des Mitarbeiters ein und klicken Sie auf die Schaltfläche „Weiter".

> **Mitarbeiterassistent „Allgemein – Bank"**

Erfassungsmaske „Bank"

Auf dieser Seite erfassen Sie die Auszahlungsart und ggf. die Bankverbindung des Mitarbeiters.

Zahlungsart: Die Zahlungsart bezieht sich auf die aus der Lohnabrechnung resultierende Auszahlung an den Mitarbeiter. Die Zahlungsart bestimmt, wie die Auszahlung an den Mitarbeiter im Zahlungsverkehr von „Lohn + Gehalt" berücksichtigt wird und wo sie auf der Zahlungsliste aufgeführt wird.
Folgende Zahlungsarten werden im Zahlungsverkehr von „Lohn + Gehalt" berücksichtigt:

Zahlungsart	Zahlungsverkehr
Überweisung	Zahlung kann auf ein Überweisungsformular gedruckt werden.
Scheck	Zahlung kann auf ein Scheckformular gedruckt werden.
Datenträger	Zahlung wird beim SEPA-Dateiexport ausgegeben.
Online	Zahlung kann mit dem „Lexware Onlinebanking" ausgeführt werden.
Bar	Zahlung wird nicht im Zahlungsverkehr aufgeführt.
Lastschrift	Zahlung wird nicht im Zahlungsverkehr aufgeführt.

Die Auszahlung an den Mitarbeiter wird im Zahlungsverkehr von „Lohn + Gehalt" immer unter der Zahlungsart aufgeführt, die Sie in den Mitarbeiterstammdaten gewählt haben.

Auf dem Bericht „Zahlungsliste" wird die Auszahlung an den Mitarbeiter immer aufgeführt, gleich welche Zahlungsart gewählt ist. Die Auszahlung an den Mitarbeiter wird auf dem Bericht unter der Zahlungsart aufgeführt, die Sie in den Mitarbeiterstammdaten gewählt haben.

Gehen Sie auf die Schaltfläche „Weiter".

> **Mitarbeiterassistent „Allgemein – Firma"**

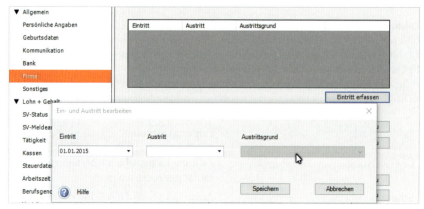

Erfassungsmaske „Firma"

Auf der Eingabeseite „Firma" erfassen Sie Eintritt und Austritt sowie ggf. die Betriebsstätte, Abteilung und Kostenstelle des Mitarbeiters.

Eintritt eingeben: Wenn Sie einen neuen Mitarbeiter anlegen, dann ist die Tabelle zunächst leer. Um das Eintrittsdatum einzugeben, klicken Sie auf die Schaltfläche „Eintritt erfassen" unterhalb der Tabelle:
Die Schaltfläche „Eintritt erfassen" öffnet den Dialog „Ein- und Austritt bearbeiten".

Geben Sie das Eintrittsdatum ein. Wenn die Beschäftigung befristet ist, dann können Sie auch gleich das Austrittsdatum eingeben. Sonst lassen Sie das Austrittsdatum leer. Das Eintrittsdatum kann im, vor oder nach dem aktuellen Abrechnungsmonat liegen.

Eintritt vor dem aktuellen Abrechnungsmonat: Wenn Sie einen Eintritt eingeben, der vor dem aktuellen Abrechnungsmonat liegt, dann müssen Sie die Monate ab Eintritt über den Korrekturmodus abrechnen. Ausgenommen der aktuelle Abrechnungsmonat ist der erste Abrechnungsmonat einer neu angelegten Firma – in diesem Fall müssen Sie ggf. Vorträge eingeben.

Eintritt nach dem aktuellen Abrechnungsmonat: Sie können neue Mitarbeiter im Voraus anlegen. Das Eintrittsdatum darf höchstens im Folgejahr nach dem aktuellen Abrechnungsjahr liegen. Der Mitarbeiter wird in der Abrechnung berücksichtigt, sobald sein Eintrittsmonat erreicht ist. Sofortmeldungen mit Grund „20" erstellt das Programm unmittelbar nach Anlage des Mitarbeiters.

Erfassungsmaske „Firma – Eintritt"

Betriebsstätte: Wenn die Firma sozialversicherungsrechtliche Betriebsstätten hat, dann ordnen Sie den Mitarbeiter der Betriebsstätte zu, in der er beschäftigt ist. Wenn die Firma keine Betriebsstätten hat, dann sind alle Mitarbeiter dem Hauptsitz zugeordnet.

Abteilung: Mit dem Feld „Abteilung" können Sie den Mitarbeiter einer Gruppe bzw. Abteilung zuordnen. Die Zuordnung ist auch im Personalmanager möglich. Mit „Speichern" wird das Eintrittsdatum übernommen. Gehen Sie auf die Schaltfläche „Weiter".

> **Mitarbeiterassistent „Lohn + Gehalt – SV-Status"**

Erfassungsmaske „SV-Status"

Auf der Seite „SV-Status" erfassen Sie ggf. Angaben zu seiner sozialversicherungsrechtlichen Mehrfachbeschäftigung, Angaben zur Gleitzone, die Rentenart und die Art der Bezüge.

Mehrfachbeschäftigung: Das Stammdatenfeld „Mehrfachbeschäftigung" steuert das gleichnamige Feld in den Meldungen zur Sozialversicherung. Und es ermöglicht, Entgelt aus anderen Beschäftigungen für die Berechnung der Sozialversicherungsbeiträge zu berücksichtigen.

Das Kennzeichen „Mehrfachbeschäftigung" müssen Sie immer dann setzen, wenn der Mitarbeiter mehrere Beschäftigungen ausübt – also auch dann, wenn eine der Beschäftigungen eine geringfügig entlohnte ist (Minijob).

Mitarbeiter ist befreit von Insolvenzgeldumlage: Über dieses Feld können Sie einzelne Mitarbeiter von der Insolvenzgeldumlage ausnehmen. Im Normalfall müssen Sie für alle Mitarbeiter Insolvenzgeldumlage abführen.

Rentenart: Im Feld „Rentenart" müssen Sie nur dann eine Auswahl treffen, wenn der Mitarbeiter aktuell eine Rente bezieht. Wählen Sie dann die Art des Rentenbezugs aus.

Bezüge werden gezahlt als: Hier geben Sie an, ob der Mitarbeiter Gehaltsempfänger ist oder einen Stunden-, Akkord- bzw. Monatslohn erhält.

Das Kennzeichen wird von Lohn + Gehalt bei der Berechnung des Arbeitgeberzuschusses zum Mutterschaftsgeld, für Erstattungsanträge U1/U2 und für Entgeltbescheinigungen ausgewertet.

Gehen Sie auf die Schaltfläche „Weiter".

> **Mitarbeiterassistent „Lohn + Gehalt – SV-Meldeangaben"**

Erfassungsmaske „SV-Meldeangaben"

Auf dieser Seite erfassen Sie die Sozialversicherungsnummer oder ersatzweise Geburtsname und Geburtsort sowie ggf. Geburtsland des Mitarbeiters. Außerdem können Sie hier Sofortmeldungen „20" und gesonderte Meldungen „57" auslösen.

Sozialversicherungsnummer: Geben Sie die Sozialversicherungsnummer fortlaufend ohne Trennzeichen ein. Die Trennzeichen fügt der Mitarbeiterassistent automatisch ein.

SV-Nummer nicht bekannt: Wenn Ihnen die SV-Nummer des Mitarbeiters nicht vorliegt, dann lassen Sie das Feld „Sozialversicherungsnummer" leer. In diesem Fall müssen Sie den Geburtsnamen und Geburtsort eingeben. Wenn die Staatsangehörigkeit ein EU-Land ist, dann müssen Sie zusätzlich das Geburtsland eingeben und, wenn bekannt, die EU-Sozialversicherungsnummer. Diese Angaben werden in der Anmeldung zur Sozialversicherung gemeldet. Sie erhalten von der Rentenversicherung eine Rückmeldung mit der SV-Nummer.

Staatsangehörigkeit: Die Staatsangehörigkeit wird für die Meldungen zur Sozialversicherung benötigt. Die Auswahlliste enthält alle Länder, die im Meldeverfahren
zur Sozialversicherung vorgesehen sind.

Besonderer Status: Das Feld „Besonderer Status" steuert das Statuskennzeichen in
den Meldungen zur Sozialversicherung. Anmeldungen für geschäftsführende Gesellschafter einer GmbH und für Ehegatten/Lebenspartner von Arbeitgebern müssen mit einem Kennzeichen versehen werden.
Wenn Sie das Kontrollkästchen „Besonderer Status" aktivieren, dann werden dem-
entsprechend zwei zusätzliche Optionen eingeblendet:
— Ehegatte, Kind oder Lebensgefährte des Arbeitgebers
— Geschäftsführender Gesellschafter einer GmbH.

Wenn Sie die Option nicht anhaken, dann erstellt „Lohn + Gehalt" keine Sofortmel-
dung, sondern nur eine normale Anmeldung mit Abgabegrund „10". Die Option
„Sofortmeldung" kann nur im Eintrittsmonat gewählt werden.
Gehen Sie auf die Schaltfläche „Weiter".

> **Mitarbeiterassistent „Lohn + Gehalt – Tätigkeit"**

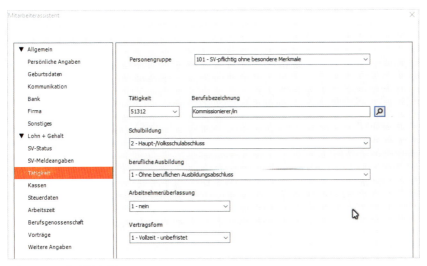

Erfassungsmaske „Tätigkeit"

Auf der Seite „Tätigkeit" erfassen Sie Personengruppe und Tätigkeitsschlüssel für
die Meldungen zur Sozialversicherung.

Personengruppe: Die Personengruppe können Sie direkt als Schlüsselzahl eingeben. Oder Sie klicken auf den Pfeil, um die Auswahlliste zu öffnen, und wählen die zutreffende Beschreibung aus der Liste aus. Sie können folgende Personengruppen abrechnen:

- 101 – SV-pflichtig ohne besondere Merkmale
- 102 – Auszubildende
- 104 – Hausgewerbetreibende
- 105 – Praktikanten
- 106 – Werkstudenten
- 108 – Vorruhestandsgeld
- 109 – geringfügig entlohnte Beschäftigte
- 110 – kurzfristig Beschäftigte
- 112 – Familienangehörige Landwirtschaft
- 113 – Nebenerwerbslandwirte
- 114 – Nebenerwerbslandwirte saisonal
- 119 – Altersvollrentner
- 121 – Auszubildende (Geringverdiener)
- 122 – Auszubildende (außerbetrieblich)
- 123 – freiwilliges soziales Jahr / Bundesfreiwilligendienst
- 124 – Heimarbeiter ohne Anspruch auf Entgeltfortzahlung
- 190 – gesetzliche Unfallversicherung ohne SV-Pflicht
- 997 – <keine Angabe>

Tätigkeitsschlüssel – Tätigkeit: Im Feld „Tätigkeit" geben Sie den fünfstelligen Schlüssel für den ausgeübten Beruf ein. Sie können die Zahl direkt in das Feld eingeben oder aus der Liste auswählen.

Im Programm ist das vollständige Berufsverzeichnis hinterlegt („Klassifikation der Berufe 2010"). Um es zu öffnen, klicken Sie auf die Lupe hinter dem Eingabefeld „Berufsbezeichnung".

Schulbildung: Hier geben Sie den höchsten allgemeinbildenden Schulabschluss des Mitarbeiters ein. Dieses Feld entspricht der 6. Stelle des Tätigkeitsschlüssels.

Sie können im Feld direkt die Ziffer der Schlüsselzahl eingeben. Oder Sie klicken auf den Pfeil rechts im Feld und wählen den zutreffenden Eintrag aus der Liste aus. Alle gültigen Werte sind hinterlegt.

Berufliche Ausbildung: Geben Sie den höchsten beruflichen Ausbildungsabschluss des Mitarbeiters ein. Dieses Feld entspricht der 7. Stelle des Tätigkeitsschlüssels.

Sie können im Feld direkt die Ziffer der Schlüsselzahl eingeben. Oder Sie klicken auf den Pfeil rechts im Feld und wählen den zutreffenden Eintrag aus der Liste aus. Alle gültigen Werte sind hinterlegt.

Arbeitnehmerüberlassung: Zeitarbeitsunternehmen mit einer Erlaubnis zur gewerbsmäßigen Arbeitnehmerüberlassung (§ 1 AÜG) unterscheiden hier, ob ihre Arbeitnehmer als Zeitarbeiter eingesetzt werden oder nicht.

Alle anderen Unternehmen kennzeichnen ihre Mitarbeiter im Feld „Arbeitnehmerüberlassung" mit „1".

Dieses Feld entspricht der 8. Stelle des Tätigkeitsschlüssels. Sie können im Feld direkt die Ziffer der Schlüsselzahl eingeben. Oder Sie klicken auf den Pfeil rechts im Feld und wählen den zutreffenden Eintrag aus der Liste aus.

Vertragsform: Im Feld „Vertragsform" geben Sie die Arbeitszeit und ggf. Befristung an. Dieses Feld entspricht der 9. letzten Stelle des Tätigkeitsschlüssels.

Sie können im Feld direkt die Ziffer der Schlüsselzahl eingeben. Oder Sie klicken auf den Pfeil rechts im Feld und wählen den zutreffenden Eintrag aus der Liste aus. Alle gültigen Werte sind hinterlegt.

Gehen Sie auf die Schaltfläche „Weiter".

> **Mitarbeiterassistent „Lohn + Gehalt – Kassen"**

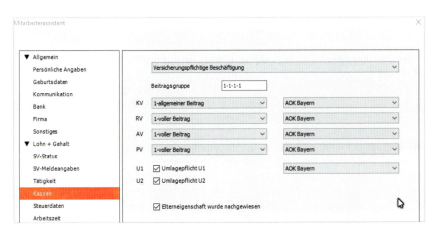

Erfassungsmaske „Kassen"

An dieser Stelle erfassen Sie die Beitragsgruppe und die Krankenkasse des Mitarbeiters. Außerdem die Umlagepflicht und ggf. weitere Angaben zu einer privaten Krankenversicherung oder berufsständischen Rentenversicherung.

Mit dem obersten Auswahlfeld steuern Sie, welche Eingabefelder bearbeitet werden können und welche Eingaben in den einzelnen Feldern möglich sind:

Eintrag	Auswirkung
Versicherungspflichtige Beschäftigung	Wählen Sie diesen Eintrag, wenn keiner der anderen zutrifft. Die Eingabemöglichkeiten sind nicht eingeschränkt.
Versicherungspflichtige Beschäftigung (hauptberuflich selbstständig)	Die Beitragsgruppen für KV und PV sind auf Werte ohne Beitragspflicht eingeschränkt.
Geringfügig entlohnte Beschäftigung	Wählen Sie diesen Eintrag bei Personengruppe „109". Für AV und PV sind keine Eingaben möglich. In KV und RV können nur die Beitragsgruppen ausgewählt werden, die für geringfügige Beschäftigungen möglich sind.
Kurzfristige Beschäftigung	Wählen Sie diesen Eintrag bei Personengruppe „110". Die Beitragsgruppen werden auf null gestellt und können nicht verändert werden. Sie können nur eine Krankenkasse auswählen.
Versicherungsfreie Beschäftigung	Dieser Eintrag ist nur bei Personengruppe „997" zulässig. Für RV und AV sind keine Eingaben möglich. Die Beitragsgruppen für KV und PV sind eingeschränkt.

Die Beitragsgruppe für KV, RV, AV und PV wählen Sie in den jeweiligen Auswahlfeldern aus. Das Programm erzeugt daraus den vierstelligen Beitragsgruppenschlüssel.

In der Auswahlliste hinter der Beitragsgruppe wählen Sie die zuständige Krankenkasse. Wenn die benötigte Krankenkasse noch nicht angelegt ist, können Sie über den Listeneintrag „Neue Krankenkasse..." eine neue Krankenkasse anlegen.

Wenn Sie bei KV eine Krankenkasse auswählen, dann wird diese auch für RV, AV, PV und Umlage übernommen. Ausnahmen gibt es nur in besonderen Fallkonstellationen. Hierzu Erläuterungen zu den nachfolgenden Personengruppen:
- geringfügig entlohnte Beschäftigung
- freiwillig in der gesetzlichen Krankenversicherung versicherter Mitarbeiter
- privat krankenversicherter Mitarbeiter
- in berufsständischem Versorgungswerk rentenversicherter Mitarbeiter
- freiwillig in der gesetzlichen Krankenversicherung versicherter Gesellschafter-Geschäftsführer.

Umlagepflicht U1/U2

Wenn Ihre Firma am Umlageverfahren U1 (Krankheit) teilnimmt, dann müssen Sie das Kontrollkästchen „Umlagepflicht U1" anhaken. Wenn Ihre Firma nicht U1-pflichtig ist oder wenn dieser Mitarbeiter vom Umlageverfahren ausgenommen ist, dann lassen Sie das Feld leer.

Umlagepflicht für U2 (Mutterschaft) besteht in der Regel immer.

Nur wenn die Felder „Umlagepflicht U1" bzw. „Umlagepflicht U2" angehakt sind, berechnet das Programm Beiträge zur Umlage U1 bzw. U2.

Umlage-Kasse

Um eine Krankenkasse als Umlagekasse verwenden zu können, müssen Sie in den Stammdaten der Krankenkasse Umlagesätze eingegeben haben. Wenn Umlagepflicht im U1-Verfahren besteht, dann müssen Sie zusätzlich in den Firmenangaben zur Krankenkasse einen Erstattungssatz U1 gewählt haben.

Elterneigenschaft

Das Kennzeichen „Elterneigenschaft wurde nachgewiesen" steuert die Berechnung des zusätzlichen Beitrags für Kinderlose zur Pflegeversicherung in Höhe von 0,25 %.

Wenn das Feld angehakt ist, dann wird nur der normale PV-Beitrag berechnet.

Wenn das Feld nicht angehakt ist, dann wird der zusätzliche Beitrag berechnet.

Das Feld ist nicht aktiv, wenn der Mitarbeiter das 23. Lebensjahr noch nicht vollendet hat oder wenn der Mitarbeiter vor dem 01.01.1940 geboren ist.

Gehen Sie auf die Schaltfläche „Weiter".

> Mitarbeiterassistent „Lohn + Gehalt – Steuerdaten"

Erfassungsmaske „Steuerdaten"

Die Eingabeseite „Steuerdaten" enthält die Besteuerungsgrundlagen des Mitarbeiters.

Mit dem obersten Auswahlfeld wählen Sie, wie die Beschäftigung steuerlich behandelt wird. Je nach Auswahl wird die Seite für die erforderlichen Angaben umgestellt.

Wählen Sie „Lohnsteuerabzug nach Lohnsteuerabzugsmerkmalen" für normal steuerpflichtige Beschäftigungen. Die Lohnsteuer wird mit der Steuerklasse aus ELStAM oder einer besonderen Bescheinigung für den Lohnsteuerabzug berechnet.

Stammdaten für das ELStAM-Verfahren: Damit Sie den Mitarbeiter im ELStAM-Verfahren anmelden können, sind die nachfolgenden Angaben erforderlich.

Id-Nr./Identifikationsnummer: Geben Sie die steuerliche Identifikationsnummer ohne Trennzeichen ein. Für die Darstellung fügt das Programm automatisch Leerzeichen ein.
Id-Nr nicht bekannt: Wenn Ihnen die Identifikationsnummer nicht vorliegt, dann aktivieren Sie das Kontrollkästchen „Die Id-Nr wurde nicht mitgeteilt/ist nicht bekannt". Die Eingabefelder für die Lohnsteuerabzugsmerkmale (Steuerklasse usw.) werden geöffnet. Sie sind dann ggf. gesetzlich verpflichtet, die Beschäftigung mit Steuerklasse 6 abzurechnen. Solange keine Identifikationsnummer eingegeben ist, kann der Mitarbeiter nicht im ELStAM-Verfahren angemeldet werden.

Hauptarbeitgeber/Nebenarbeitgeber: Geben Sie an, ob das Beschäftigungsverhältnis im ELStAM-Verfahren als Hauptarbeitgeber oder als Nebenarbeitgeber angemeldet werden soll.

Als Hauptarbeitgeber erhalten Sie die erste Steuerklasse des Mitarbeiters. Als Nebenarbeitgeber erhalten Sie die Steuerklasse 6. Wenn Sie den Mitarbeiter im ELStAM-Verfahren angemeldet haben und die ELStAM aus der Antwortzentrale in die Stammdaten übernommen haben, dann werden die Lohnsteuerabzugsmerkmale in der Mitte der Seite „Steuerdaten" dargestellt.

Bis die tatsächlichen Daten durch das ELStAM-Verfahren gemeldet werden, hinterlegen Sie für die Abrechnung vorläufig selbst gebildete Merkmale. Mit der Option „bis die ELStAM vorliegen, erfolgt die Abrechnung mit nach persönlichen Daten selbst gebildeten Merkmalen" können Sie selbst die Steuerabzugsmerkmale eingeben.

Wenn der Abruf der ELStAM technisch nicht möglich ist oder wenn dem Mitarbeiter bislang noch keine Identifikationsnummer vergeben wurde, dann wählen Sie diese Option. Sie können einen Mitarbeiter längstens drei Monate mit selbst gebildeten Merkmalen abrechnen.

Ersatzbescheinigung: Wenn der Mitarbeiter eine besondere Bescheinigung für den Lohnsteuerabzug vorlegt, dann aktivieren Sie „Ersatzbescheinigung liegt vor". Die Seite „Steuerdaten" enthält dann die Eingabefelder für die Lohnsteuerabzugsmerkmale.

Kirchensteuer: Die Angabe „Kirchensteuer" bei pauschalen Lohnarten wird benötigt, wenn Sie in der Lohnabrechnung pauschale Lohnarten verwenden:

Wenn Sie sich als Arbeitgeber für das Nachweisverfahren entschieden haben, dann wählen Sie für Mitarbeiter, deren ELStAM keine Konfession enthalten, den Eintrag „keine pauschale Kirchensteuer". Wenn die ELStAM eine Konfession enthalten, dann wählen Sie den Eintrag „normale Kirchensteuer".

Wenn Sie sich als Arbeitgeber für das Vereinfachungsverfahren entschieden haben, dann wählen Sie bei allen Mitarbeitern „pauschale Kirchensteuer", unabhängig von der Konfessionszugehörigkeit der Mitarbeiter.

Diese Wahl müssen Sie einheitlich für alle Mitarbeiter der Firma treffen. Sie erstreckt sich auch auf pauschal versteuerte Beschäftigte.

Gehen Sie auf die Schaltfläche „Weiter".

> **Mitarbeiterassistent „Lohn + Gehalt – Arbeitszeit"**

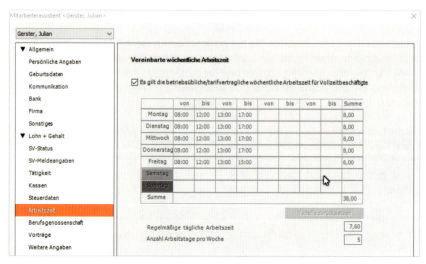

Erfassungsmaske „Arbeitszeit"

Hier erfassen Sie die regelmäßige wöchentliche Arbeitszeit des Mitarbeiters. Die Arbeitszeit des Mitarbeiters wird verwendet:
- als Vorschlagswert für die Stundenerfassung im Abrechnungsfenster,
- zur Ermittlung der Ausfalltage bei Fehlzeiten für die Entgeltkürzung,
- zur Ermittlung der Ausfalltage bei Fehlzeiten für Erstattungsanträge Umlage U1 (Krankheit),
- zur Ermittlung der Arbeits- und Ausfalltage für Entgeltbescheinigungen,
- bei Gehaltsempfängern zur Berechnung der Arbeitsstunden für die Meldung an die Berufsgenossenschaft.

Erfassung von Arbeitszeiten: Die Arbeitszeit können Sie auf drei Arten eingeben:
- „Von-bis-Zeiten" für jeden einzelnen Wochentag in der Tabelle.
- Stundenzahl für jeden einzelnen Wochentag in der Tabelle.
- Durchschnittliche tägliche Stundenzahl und Anzahl der Arbeitstage je Woche in den Eingabefeldern unterhalb der Tabelle.

Möchten Sie in der Abrechnung die Stundenerfassung benutzen, dann geben Sie die Arbeitszeiten mit „Von-bis-Zeiten" in der Tabelle ein.

Betriebsübliche Arbeitszeit übernehmen: Wenn als Tätigkeitsschlüssel bzw. Vertragsform „1-Vollzeit unbefristet" oder „3-Vollzeit befristet" hinterlegt ist, dann enthält die Seite „Arbeitszeit" ein zusätzliches Kontrollkästchen.

Wenn Sie dieses Kontrollkästchen aktivieren, dann wird die Arbeitszeit aus den Firmenstammdaten in den Stammdaten des Mitarbeiters eingesetzt. Die Eingabefelder im Mitarbeiterassistent werden inaktiv gestellt, solange das Kontrollkästchen angehakt ist. Wenn Sie den Haken aus dem Kontrollkästchen entfernen, dann sind die Felder zur Arbeitszeit beim Mitarbeiter wieder aktiv. Die aus den Firmenstammdaten übernommenen Zeiten bleiben im Mitarbeiterassistenten erhalten. Sie können die Angaben abändern.

Wenn Sie die Arbeitszeit in den Firmenstammdaten ändern, dann wird die neue Arbeitszeit in die Stammdaten der Mitarbeiter übernommen, bei denen die Option „Es gilt die betriebsübliche/tarifvertragliche wöchentliche Arbeitszeit für Vollzeitbeschäftigte" angehakt ist. Die neue Arbeitszeit wird in den aktuellen Abrechnungsmonat übernommen. Abgeschlossene Abrechnungsmonate werden nicht verändert.
Gehen Sie auf die Schaltfläche „Weiter".

> **Mitarbeiterassistent „Lohn + Gehalt – Berufsgenossenschaft"**

Angaben zur Gefahrtarifstelle		×
Berufsgenossenschaft:	BGETEM Hauptverwaltung ⌄	
Betriebsnummer des UV-Trägers:	37916971	
Mitgliedsnummer:	4061223	
Gefahrtarifstelle:	`<keine>`	Bearbeiten
☐ Versicherungsfreiheit nach SGB VII		
?		Übernehmen Abbrechen

Erfassungsmaske „Berufsgenossenschaft"

Hier erfassen Sie die Gefahrtarifstelle, der der Mitarbeiter zugeordnet ist.
– **Gefahrtarifstelle zuweisen:** Um einem Mitarbeiter erstmalig eine Gefahrtarifstelle zuzuweisen, gehen Sie wie folgt vor:

Klicken Sie hinter dem Feld „Gefahrtarifstelle" auf die Schaltfläche „Bearbeiten".

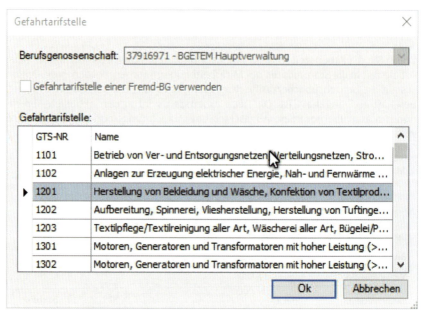

Auswahl der Gefahrtarifstelle

Der Dialog zur Auswahl der Gefahrtarifstelle wird geöffnet. Die Berufsgenossenschaft und die BG-Mitgliedsnummer aus den Firmenstammdaten sind voreingestellt. In der Auswahlmaske werden die Gefahrtarifstellen aller Berufsgenossenschaften angezeigt.
− Klicken Sie in der Liste auf die gewünschte Gefahrtarifstelle, sodass sie markiert ist.
− Klicken Sie auf die Schaltfläche „Ok". Der Dialog zur Auswahl der Gefahrtarifstelle wird geschlossen.

Klicken Sie auf die Schaltfläche „Übernehmen".

Der Dialog mit den Angaben zur Gefahrtarifstelle wird geschlossen. Sie befinden sich wieder im Mitarbeiterassistenten.

Gehen Sie auf die Schaltfläche „Weiter".

> **Mitarbeiterassistent „Lohn + Gehalt – Vorträge" und „Weitere Angaben"**
> „Vorträge" geben Sie keine ein, und bei „Weiteren Angaben" tragen Sie den Urlaubsanspruch von 30 Tagen für dieses Jahr ein.

Speichern Sie die Angaben.

4.1.3 Schritte der Lohnbuchhaltung festlegen

Bevor mit der eigentlichen Lohnabrechnung begonnen werden kann, sind die vorausgegangenen Schritte zu beachten. Dazu gehören wie ausgeführt die Eingabe abrechnungsrelevanter Firmendaten sowie die Anlage von Mitarbeiterstammdaten. Im Anschluss daran sind die abrechnungstechnischen Schritte wie nachfolgend beschrieben zu beachten.

> Ermittlung des Bruttoeinkommens: Bei variablen Löhnen ist es möglich, z. B. eine Excel-Tabelle mit den Stunden der einzelnen Mitarbeiter zu importieren.

> Ermittlung der Steuerabzüge: Lohnsteuer, Kirchensteuer und Solidaritätszuschlag, unter Beachtung von Steuerfreibeträgen, Altersentlastungsbetrag und pauschal besteuerte Lohnarten durch den Arbeitgeber.

> Ermittlung der Sozialversicherungsabzüge: Krankenversicherung, Pflegeversicherung, Rentenversicherung und Arbeitslosenversicherung unter Beachtung von Beitragsbemessungsgrenzen und pauschal besteuerten Lohnarten.

> Berechnung des Nettoeinkommens, indem vom Gesamt-Brutto die Steuerabzüge und Sozialversicherungsbeiträge abgezogen werden.

> Berechnung des Auszahlungsbetrags, indem vom Nettobetrag die privaten Be- und Abzüge verrechnet werden.

> Senden der elektronischen Beitragsnachweise (SV-Net) und Bezahlen der Sozialversicherungsbeiträge an die zuständigen Krankenkassen zum drittletzten Banktag des Monats.

> Überweisung der Auszahlungsbeträge an die Mitarbeiter. Bei Barauszahlung benötigt man eine Quittung. Überweisungen werden auf dem Kontoauszug festgehalten.

> Senden der elektronische Lohnsteueranmeldung für den aktuellen Monat zum 10. des nachfolgenden Monats an das Betriebsstättenfinanzamt über ELSTER und Bezahlung der Verbindlichkeiten gegenüber dem Finanzamt aus Lohnsteuer, Solidaritätszuschlag und Kirchensteuer.

Lohnbuchhaltung
Vorarbeiten

Arbeitszeiten
erfassen

4.2 Erfassung von Arbeitszeiten

Wenn ein Arbeitnehmer nach geleisteten Arbeitsstunden bezahlt oder wenn Stundennachweise geführt werden, können die geleisteten Stunden minutengenau im Programm erfasst werden.

Mit der **Stundenerfassung** bietet Lexware „Lohn + Gehalt" eine einfache Möglichkeit zur Erfassung der Arbeitszeiten.

Darüber hinaus kann das Programm Zuschläge für Sonn-, Feiertags- und Nachtarbeit ermitteln.

Die kumulierten Zeiten aus der Stundenerfassung und die Zuschläge werden in Lohnarten in die Abrechnung übernommen. Die erfassten Zeiten können Sie als Bericht ausdrucken.

Gehen Sie auf dem Desktop auf „Lohndaten | Einzelnen Mitarbeiter erfassen".

Lohndaten | Einzelnen Mitarbeiter erfassen

Mit Doppelklick auf einen Mitarbeiter kommen Sie in den Bearbeitungsmodus.

Mitarbeiterauswahl

Geben Sie über Stundenerfassung die Arbeitsstunden des Mitarbeiters ein. Geben Sie Beginn- und Endzeiten als Uhrzeit in den Spalten „Von" und „Bis" ein. Eingabeformat ist „Stunden:Minuten", getrennt durch einen Doppelpunkt (z. B. 8:00 für 8 Uhr). Um Pausen abzubilden, erfassen Sie mehrere „Von-bis-Zeiten" für einen Tag (z. B. von 8:00 bis 12:00 und von 13:00 bis 17:00).

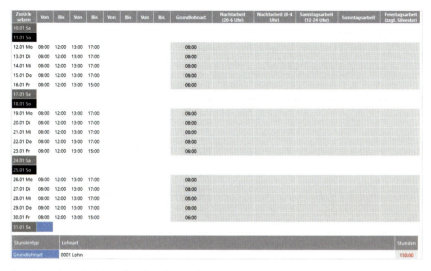

Eingabemaske „Lohndaten – Stundenerfassung"

In den Lohnangaben übernimmt das Programm die Stunden, getrennt nach Arbeitszeiten aus Normalzeit und Arbeitszeiten, die auf gesetzliche Feiertage fallen. Geben Sie für das Beispiel von Julian Gerster den Stundenlohn 15,60 € ein.

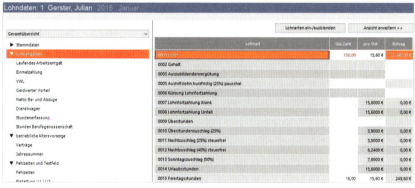

Eingabemaske „Lohnangaben"

Die Angaben für vermögenswirksame Leistungen müssen noch eingegeben werden. Gehen Sie auf die Registerkarte „VWL" und geben Sie die passenden Daten ein.

Eingabe „Vermögenswirksame Leistungen"

Über Menü „Berichte Lohnabrechnung Standardformular" können Sie nun die Lohnabrechnung für den Monat Januar für Mitarbeiter Julian Gerster einsehen.

Lohnabrechnung

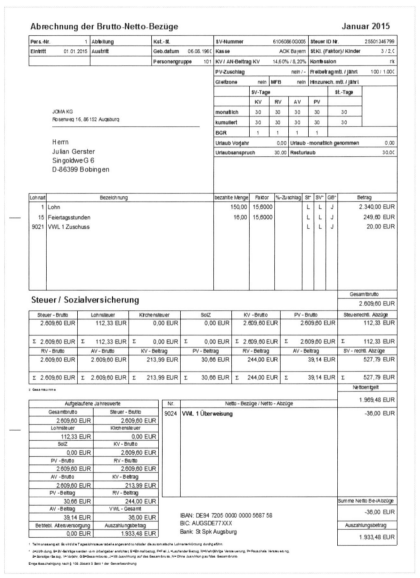

Fertige Lohnabrechnung

4.3 Struktur und Bestandteile einer Lohnabrechnung

Bestandteile
Lohnabrechnung

> Die Erstellung der Lohn- oder auch Gehaltsabrechnung gehört zur Pflicht des Arbeitgebers. Hierin wird der Lohn oder das Gehalt des Arbeitnehmers für seine erbrachte Leistung abgerechnet. Die Entgeltabrechnung im Arbeitsverhältnis, auch Lohnabrechnung, Gehaltsabrechnung oder Monatsabrechnung genannt, ist ein Dokument in Textform, das Angaben über Abrechnungszeitraum und Zusammensetzung des Arbeitsentgelts enthält, insbesondere über Art und Höhe der Zuschläge, Zulagen, sonstige Vergütungen, Art und Höhe der Abzüge, Abschlagszahlungen sowie Vorschüsse.

4.3.1 Aufbau der Lohnabrechnung

Aufbau

Abrechnung der Brutto-Netto-Bezüge							Januar 2015
Pers.-Nr.	1	Abteilung	Kst.-St.	SV-Nummer	61060860G005	Steuer ID Nr.	25501346799
Eintritt 01.01.2015	Austritt		Geb.datum 06.08.1960	Kasse	AOK Bayern	St.Kl. (Faktor) / Kinder	3 / 2,0
			Personengruppe 101	KV / AN-Beitrag KV	14,60% / 8,20%	Konfession	rk
				PV-Zuschlag	nein / -	Freibetrag mtl. / jährl.	100 / 1.000
				Gleitzone nein	MFB nein	Hinzurech. mtl. / jährl.	

Aufbau einer Lohnabrechnung – Abschnitt 1

Hier finden Sie die persönlichen Angaben zum Arbeitnehmer, wie z. B. Personalnummer und Geburtsdatum, das sich in der Versicherungsnummer wiederholt. Der Personengruppenschlüssel „101" steht für einen sozialversicherungspflichtigen Beschäftigten ohne besondere Merkmale. Lohnsteuerabzugsmerkmale lt. ELStAM wie Steuerklasse, Anzahl der Kinderfreibeträge, Konfession und mögliche Steuerfreibeträge.

Aufbau der Steuerklasse (StKl)

Steuerklassen

> **Lohnsteuerklasse I**
> In die Steuerklasse 1 gehören Arbeitnehmer, die ledig sind, sowie Arbeitnehmer, die verheiratet und dauernd getrennt lebend, verwitwet oder geschieden sind.

> **Lohnsteuerklasse II**
> In die Steuerklasse II werden alleinerziehende Arbeitnehmer eingeordnet, die entweder ledig, verheiratet und dauernd getrennt lebend, verwitwet oder geschieden sind und denen der Entlastungsbetrag für Alleinerziehende (§ 24b EStG) zusteht.

> **Lohnsteuerklasse III**
> In die Steuerklasse III gehören verheiratete Arbeitnehmer, wenn beide Ehegatten unbeschränkt einkommensteuerpflichtig sind und nicht dauernd getrennt leben. Darüber hinaus ist dem Ehegatten die Steuerklasse V zugeteilt.

> **Lohnsteuerklasse IV**
> Der Steuerklasse IV werden verheiratete Arbeitnehmer zugeordnet, wenn der Ehegatte unbeschränkt einkommensteuerpflichtig ist und die Ehepartner nicht dauerhaft getrennt leben und die Ehegatten in etwa gleicher Höhe Arbeitslohn beziehen. Ehegatten, welche die Steuerklassenkombination IV/IV gewählt ha-

ben, können einen zusätzlichen Berechnungsfaktor (Faktorverfahren) beim zuständigen Finanzamt eintragen lassen.

> **Lohnsteuerklasse V**
In die Steuerklasse V gehören Arbeitnehmer, die die Bedingungen für Steuerklasse IV erfüllen und bei denen der Ehegatte auf Antrag beider Ehepartner die Steuerklasse III erhalten hat.

Anmerkung: Die Entscheidung, ob die Steuerklassen in III/V oder IV/IV eingestuft werden, liegt bei den steuerpflichtigen Ehegatten, sofern die Kriterien erfüllt sind.

> **Lohnsteuerklasse VI**
Die Steuerklasse VI wird für ein zweites und für jedes weitere Arbeitsverhältnis angewandt, wenn der Arbeitnehmer Arbeitsentgelt von mehreren Arbeitgebern bezieht.

	SV-Tage				St.-Tage
	KV	RV	AV	PV	
monatlich	30	30	30	30	30
kumuliert	30	30	30	30	30
BGR	1	1	1	1	
Urlaub Vorjahr		0,00	Urlaub - monatlich genommen		0,00
Urlaubsanspruch		30,00	Resturlaub		30,00

Aufbau einer Lohnabrechnung – Abschnitt 2

Der Beitragsgruppenschlüssel (BGR) gibt Hinweise darauf, für welche Versicherungszweige Beiträge zu entrichten sind. Die Zahl „1" bedeutet z. B., dass ein voller Beitrag geleistet wird. Die verschiedenen Stellen geben die unterschiedlichen Versicherungsarten an. Auch der Anspruch auf Urlaub wird angezeigt.

Monatliche
Bezüge

Lohnart	Bezeichnung	bezahlte Menge	Faktor	%-Zuschlag	St*	SV*	GB*	Betrag
1	Lohn	150,00	15,6000		L	L	J	2.340,00 EUR
15	Feiertagsstunden	16,00	15,6000		L	L	J	249,60 EUR
9021	VWL 1 Zuschuss				L	L	J	20,00 EUR

Aufbau einer Lohnabrechnung – Abschnitt 3

Hier finden Sie Angaben, wie sich die monatlichen Bezüge zusammensetzen, z. B. aus Stundenlohn, Feiertagslohn usw. Alle Einzelbeträge, die in der Spalte „GB" mit „J" gekennzeichnet sind, ergeben das Gesamt-Brutto. Damit sich die ermittelten Steuern und Sozialversicherungsbeiträge auf der Abrechnung leichter nachvollziehen lassen, wird jeder abzurechnende Bruttobezug hinsichtlich seiner steuer- und sozialversicherungsrechtlichen Relevanz in den Spalten Steuer-Brutto (ST) und SV-Brutto (SV) gekennzeichnet.

Mögliche Buchstabenkennzeichnungen können sein:
- L = Laufender Bezug
- E = Einmalbezug
- S = Sonstiger Bezug
- F = Frei
- A = Abfindung
- M = Mehrjährige Versteuerung
- P = Pauschale Versteuerung
- V = Vorjahr
- GB = Gesamt-Brutto

Steuer / Sozialversicherung						Gesamtbrutto
						2.609,60 EUR
Steuer - Brutto	Lohnsteuer	Kirchensteuer	SolZ	KV - Brutto	PV - Brutto	Steuerrechtl. Abzüge
2.609,60 EUR	112,33 EUR	0,00 EUR	0,00 EUR	2.609,60 EUR	2.609,60 EUR	112,33 EUR
Σ 2.609,60 EUR	Σ 112,33 EUR	Σ 0,00 EUR	Σ 0,00 EUR	Σ 2.609,60 EUR	Σ 2.609,60 EUR	Σ 112,33 EUR
RV - Brutto	AV - Brutto	KV - Beitrag	PV - Beitrag	RV - Beitrag	AV - Beitrag	SV - rechtl. Abzüge
2.609,60 EUR	2.609,60 EUR	213,99 EUR	30,66 EUR	244,00 EUR	39,14 EUR	527,79 EUR
Σ 2.609,60 EUR	Σ 2.609,60 EUR	Σ 213,99 EUR	Σ 30,66 EUR	Σ 244,00 EUR	Σ 39,14 EUR	Σ 527,79 EUR
Σ Gesamtsumme						Nettoentgelt
						1.969,48 EUR
Aufgelaufene Jahreswerte			Nr.	Netto - Bezüge / Netto - Abzüge		

Steuer- und
Sozialversi-
cherung

Aufbau einer Lohnabrechnung – Abschnitt 4

Steuer/Sozialversicherung

In der oberen Hälfte, die über die Steuern informiert, ist das Steuer-Brutto aufge-führt. Davon werden die Lohn- und Kirchensteuer sowie der Solidaritätszuschlag berechnet. Manchmal entspricht der Wert des Steuer-Brutto nicht dem des Ge-samt-Brutto. Der Grund dafür ist eine unterschiedliche Besteuerung der angegebe-nen Werte. Diese Besonderheiten können Sie in den einzelnen Abrechnungsbe-standteilen an einem „P" für Pauschalversteuerung bzw. „F" für Frei erkennen. Bei der Berechnung der laufenden Bezüge werden für alle SV-Zweige die geltenden Beitragsbemessungsgrenzen berücksichtigt.

Σ Gesamtsumme				Nettoentgelt
Aufgelaufene Jahreswerte		Nr.	Netto - Bezüge / Netto - Abzüge	1.969,48 EUR
Gesamtbrutto	Steuer - Brutto	9024	VWL 1 Überweisung	-36,00 EUR
2.609,60 EUR	2.609,60 EUR			
Lohnsteuer	Kirchensteuer			
112,33 EUR	0,00 EUR			
SolZ	KV - Brutto			
0,00 EUR	2.609,60 EUR			
PV - Brutto	RV - Brutto			
2.609,60 EUR	2.609,60 EUR			
AV - Brutto	KV - Beitrag			
2.609,60 EUR	213,99 EUR			
PV - Beitrag	RV - Beitrag			Summe Netto Be-/Abzüge
30,66 EUR	244,00 EUR			-36,00 EUR
AV - Beitrag	VWL - Gesamt		IBAN: DE94 7205 0000 0000 5687 58	
39,14 EUR	36,00 EUR		BIC: AUGSDE77XXX	Auszahlungsbetrag
Betriebl. Altersversorgung	Auszahlungsbetrag		Bank: St Spk Augsburg	1.933,48 EUR
0,00 EUR	1.933,48 EUR			

1 Teilmonatsentgelt: Es wird die Tageslohnsteuertabelle angewandt und/oder die automatische Lohnartenkürzung durchgeführt.

* A=Abfindung, B=SV-Beiträge werden vom Arbeitgeber entrichtet, E=Einmalbezug, F=Frei, L=Laufender Bezug, M=Mehrjährige Versteuerung, P=Pauschale Versteuerung,
S=Sonstiger Bezug, V=Vorjahr, GB=Gesamtbrutto, J=Mit Auswirkung auf das Gesamtbrutto, N=Ohne Auswirkung auf das Gesamtbrutto

Entgeltbescheinigung nach § 108 Absatz 3 Satz 1 der Gewerbeordnung

Aufbau einer Lohnabrechnung – Abschnitt 5

Die hier aufgeführten Beträge kürzen oder erhöhen das ermittelte Nettoentgelt. Daraus ergibt sich der Auszahlungsbetrag. Hier in diesem Beispiel wird der vom Arbeitgeber an die LBS abzuführende Sparbetrag für die Vermögensbildung in Abzug gebracht. Aufgeführt sind noch die Bankverbindung des Arbeitnehmers und die aufgelaufenen Jahreswerte.

4.3.2   Abrechnungsschema

Lohnabrechnung
Schema

Bruttolohn/Bruttogehalt		
	+ vermögenswirksame Leistungen	
	+ Zulagen und Zuschläge	
	+ Sachbezug (geldwerter Vorteil)	
	+ pauschal versteuerte Lohnbestandteile	
= Gesamtbrutto		
- pauschal versteuerte Lohnbestandteile - steuerfreie Lohnbestandteile	- beitragsfreie Lohnbestandteile, dazu gehören auch die pauschal versteuerten Lohnbestandteile	
= Steuer-Brutto	**= SV-Brutto**	
- Freibetrag bei den Lohnsteuerabzugsmerkmalen - Altersentlastungsbetrag - Versorgungsfreibetrag	Bei Überschreiten der Beitragsbemessungsgrenzen ist der über den Grenzen liegende Lohn beitragsfrei. Entsprechend sind die folgenden Sozialversicherungsbeiträge zu errechnen:	
= Steuerpflichtiges Brutto		

Entsprechend den Besteuerungsmerkmalen wird aus der Lohnsteuertabelle (Monat) folgendes ermittelt:
  – Lohnsteuer
  – Solidaritätszuschlag
  – Kirchensteuer
	– Krankenversicherung
	– Zusatzbeitrag
	– Pflegeversicherung
	– Rentenversicherung
	– Arbeitslosenversicherung	

= Nettoentgelt		
+ Beitragszuschuss des AG zur freiwilligen/privaten Krankenversicherung		
+ Beitragszuschuss des AG zur freiwilligen/privaten Pflegeversicherung		
- Vermögenswirksame Sparbeträge (Überweisungsauftrag)		
- Vorschuss (Lohnabschlag)		
- Sachbezug (geldwerter Vorteil)		
- Pfändungen		
+ Steuer- und beitragsfreie Reisekosten		
= Auszahlungsbetrag		

4.4 Termine und Fristen

Auch in der Buchhaltung im Handwerksbetrieb gibt es bestimmte Termine und Fristen zum Monats- und Jahresende, die zu beachten sind.

> **Meldefristen**
> Meldungen zur Sozialversicherung sind an Fristen gebunden. Endet eine Meldefrist beispielsweise an einem Samstag, Sonntag oder Feiertag, verlängert sie sich auf den nächsten Werktag.

Meldefristen
Sozialversicherung

Meldeart	Meldefrist
Sofortmeldung	Spätestens bei Aufnahme des Beschäftigungsverhältnisses.
Anmeldung	Mit der ersten Lohn- und Gehaltsabrechnung, spätestens innerhalb von sechs Wochen nach Beschäftigungsbeginn.
Abmeldung	Mit der nächsten folgenden Lohn- und Gehaltsabrechnung, spätestens innerhalb von sechs Wochen nach dem Ende der Beschäftigung.
Jahresmeldung	Mit der ersten folgenden Lohn- und Gehaltsabrechnung, spätestens bis zum 15. Februar des Folgejahres.
Unterbrechungsmeldung	Innerhalb von zwei Wochen nach Ablauf des ersten Kalendermonats der Unterbrechung.
Lohnsteueranmeldung	– bis 1.080,- € Lohnsteuerjahresaufkommen im Vorjahr: jährlich, bis zum 10. Januar. – zwischen 1.080, € und 4.000, € Lohnsteuerjahresaufkommen im Vorjahr: vierteljährlich, bis zum 10. April, 10. Juli, 10. Oktober, 10. Januar. – bei mehr als 4.000,- € Lohnsteuerjahresaufkommen im Vorjahr: monatlich bis zum 10. des nachfolgenden Monats.
Die Abgabe der Lohnsteueranmeldung und die Überweisung der Steuerbeträge haben jeweils spätestens am zehnten Tag nach Ablauf des Anmeldezeitraums zu erfolgen. Die Frist verlängert sich bis zum nächsten Werktag, der kein Samstag ist, wenn der zehnte Tag auf einen Samstag, einen Sonntag oder einen gesetzlichen Feiertag fällt.	
Lohnsteuerbescheinigung	Übermittlung der elektronischen Lohnsteuerbescheinigung bis zum 28.02. des folgenden Jahres.

Beitrags-
nachweis

> ### Beitragsnachweis 2016

	Übermittlung des Beitragsnachweises	Fälligkeit der Zahlung
Januar 2016	25.01.2016	27.01.2016
Februar 2016	23.02.2016	25.02.2016
März 2016	23.03.2016	29.03.2016
April 2016	25.04.2016	27.04.2016
Mai 2016	25.05.2016	27.05.2016
Juni 2016	24.06.2016	28.06.2016
Juli 2016	25.07.2016	27.07.2016
August 2016	25.08.2016	29.08.2016
September 2016	26.09.2016	28.09.2016
Oktober 2016	25.10.2016	27.10.2016
November 2016	24.11.2016	28.11.2016
Dezember 2016	23.12.2016	28.12.2016

Lohnnachweis
Berufsgenossen-
schaft

> ### Lohnnachweis an die Berufsgenossenschaft

Der Lohnnachweis für ein Kalenderjahr muss jeweils bis spätestens zum 11. Februar des Folgejahres bei der Berufsgenossenschaft eingereicht werden.

Lohnsteuerjah-
resausgleich
durch
Arbeitgeber

Der Lohnsteuerjahresausgleich durch den Arbeitgeber (§ 42b EstG)
Für Arbeitnehmer behält der Arbeitgeber im Rahmen des Lohnsteuerabzugs jeden Monat Lohnsteuer ein und führt diese an das Finanzamt ab.

Aufgrund der monatlichen Berechnung kann es aufs Jahr gesehen zu Über- oder Unterzahlungen der Lohnsteuer kommen, wenn z. B. eine Änderung der Lohnsteuerklasse nicht sofort berücksichtigt werden konnte oder durch schwankende Monatslöhne Progressionsnachteile entstehen.

Aus diesem Grund führt der Arbeitgeber u. U. am Ende des Kalenderjahres einen Lohnsteuerjahresausgleich durch. Dabei wird für den einzelnen Beschäftigten berechnet, wie hoch seine Steuerschuld auf Basis des Jahresarbeitslohns ist. Diese Steuerschuld wird dann mit den tatsächlich abgeführten Lohnsteuern verglichen, und entsprechende Differenzbeträge werden frühestens mit dem Lohnsteuerabzug für den letzten Abrechnungszeitraum des Jahres (Monat Dezember) und spätestens mit dem des Monats März des Folgejahres verrechnet. Ein Ausgleich findet jedoch nur zugunsten des Arbeitnehmers in Form einer Erstattung statt. Wurde zu wenig Steuer einbehalten, werden diese Beträge nur in Abzug gebracht, wenn Fehler bei der Steuerberechnung im laufenden Kalenderjahr unterlaufen sind. Gleiches gilt entsprechend für den Solidaritätszuschlag und ggf. für die Kirchensteuer.

Wiederholungsfragen

1. Was versteht man unter Personalverwaltung?

    >> Seite 131

2. Welche sind die zentralen Aufgaben der Personalverwaltung?

    >> Seite 131

3. Nennen Sie fünf Arbeitsgesetze!

    >> Seite 133

4. Welche Unterlagen benötigen Sie von Ihrem neuen Arbeitnehmer, damit die Personalstammdaten erfasst werden können?

    >> Seite 133

5. Welchen Zweck erfüllt die Personalnummer?

    >> Seite 137

6. Was tun Sie, wenn das genaue Geburtsdatum Ihres neuen Mitarbeiters nicht feststeht?

    >> Seiten 137 bis 138

7. Welche Zahlungsarten zur Abwicklung des Zahlungsverkehrs an Ihre Mitarbeiter gibt es?

    >> Seite 139

8. Erklären Sie den besonderen Status bei der Anmeldung des Mitarbeiters bei der Sozialversicherung!

    >> Seiten 141 bis 142

9. Nennen Sie fünf Personengruppenschlüssel!

    >> Seite 144

10. Erklären Sie die Elterneigenschaft!

    >> Seite 147

11. Woher beziehen Sie die Lohnsteuerabzugsmerkmale Ihrer Mitarbeiter? Welche Angaben benötigen Sie dazu?

    >> Seiten 148 bis 149

12. Für welche Angaben und Berechnungen werden die Arbeitszeiten des Mitarbeiters herangezogen?

    >> Seiten 150 bis 151

13. Beschreiben Sie die Vorgehensweise zur Durchführung der Lohnabrechnung Ihrer Mitarbeiter!

    >> Seite 153

14. Erklären Sie die Struktur einer Lohnabrechnung! Verwenden Sie dazu das Beispiel der Lohnabrechnung von Mitarbeiter Julian Gerster aus dem Text!

    >> Seiten 156 bis 159

15. Welche Lohnsteuerklassen gibt es? Wer fällt unter die einzelnen Klassen?

    >> Seiten 157 bis 158

16. In der Lohnbuchhaltung gibt es bestimmte Termine und Fristen. Nennen Sie fünf!

    >> Seite 161

17. Was versteht man unter der Durchführung des Lohnsteuerjahresausgleichs durch den Arbeitgeber?

    >> Seiten 162 bis 163

5. Mitwirken bei der Vorbereitung des Jahresabschlusses

Kompetenzen

> Bestände erfassen und bewerten.
> Anlagevermögen und Werteverzehr softwaregestützt erfassen.

5.1 Inventur, Inventar und Bilanz

5.1.1 Inventur

Gemäß § 240 HGB und §§ 140 und 141 AO ist jeder Kaufmann verpflichtet,

> bei Gründung bzw. Übernahme eines Unternehmens,
> bei Auflösung oder Veräußerung eines Unternehmens und
> am Ende eines jeden Geschäftsjahres

alle Vermögensgegenstände und alle Schulden einzeln mengenmäßig zu erfassen und zu bewerten **(= Inventur)** und in einem Verzeichnis **(= Inventar)** zu erfassen und festzuhalten. Auf der Grundlage des Inventars ist die **Bilanz** zu erstellen. Daraus ergibt sich, dass zwischen Inventur, Inventar und Bilanz ein untrennbarer Zusammenhang besteht.

Inventur

Inventar

Bilanz

Nach der Art unterscheidet man

> die **körperliche Inventur** durch Messen, Zählen, Wiegen und Bewerten der Vermögensgegenstände und

Körperliche Inventur

> die **Buchinventur**, wobei Vermögensgegenstände und Schulden mithilfe von Belegen und Aufzeichnungen aus der Buchführung erfasst werden.

Buchinventur

> **Nach dem Zeitpunkt der Bestandsaufnahme** unterscheidet man die Inventurarten:

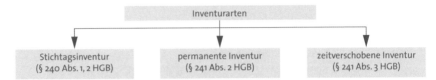

Stichtags-inventur

– **Stichtagsinventur (Normalverfahren)**
Grundsätzlich sind nach § 240 HGB zu Beginn eines Handelsgewerbes und zum Schluss eines jeden Geschäftsjahres alle Vermögens- und Schuldposten aufgrund einer körperlichen Bestandsaufnahme genau zu verzeichnen und zu bewerten. Diese zeitraubenden Inventurarbeiten sind aber in der Praxis häufig an einem Tag nicht zu bewältigen.

Daher gestatten die Einkommensteuerrichtlinien (Richtlinie 30 EStR), dass die Inventurarbeiten für den Jahresabschluss nicht am Abschlussstichtag (Bilanzstichtag), sondern lediglich zeitnah um den Stichtag herum durchgeführt werden können. Als zulässige Zeitspanne um den Bilanzstichtag gelten 10 Tage vor bzw. 10 Tage nach dem Bilanzstichtag.

Allerdings muss sichergestellt sein, dass die Bestandsveränderungen zwischen dem Tag der Bestandsaufnahme und dem Bilanzstichtag anhand von Belegen oder Aufzeichnungen ordnungsmäßig berücksichtigt werden können.

Vereinfachung bei der Inventur
Wegen der Belastungen, die eine körperliche Stichtagsinventur für die Betriebe mit sich bringt, sieht der Gesetzgeber unter bestimmten Voraussetzungen von einer körperlichen Stichtagsinventur ab und lässt folgende Vereinfachungen zu:

Stichproben-inventur

Stichprobeninventur (§ 241 Abs. 1 HGB)
Erfahrungsgemäß kann man davon ausgehen, dass in einem Warenlager eine relativ geringe Anzahl der Inventurobjekte (z. B. 20 %) den relativ höchsten Wert (z. B. 80 %) ausmachen. In diesem Fall wird für die relativ geringe Menge der Objekte, die aber 80 % des gesamten Wertes darstellen, eine genaue Einzelerfassung vorgenommen. Nur für die große Menge, die einen verhältnismäßig geringen Wert darstellt, wird das Stichprobenverfahren angewandt.

Beim Stichprobenverfahren wird aus wenigen Einzelobjekten (den Stichproben) ein Durchschnittswert ermittelt. Durch Multiplikation der Gesamtmenge mit dem ermittelten Stichprobendurchschnittswert ergibt sich der Gesamtwert dieser Lagervorräte. Dabei müssen die Stichproben nach mathematisch-statistischen Methoden ausgewählt werden. Die Auswahl jedes 10. Inventurobjektes würde diesem Anspruch nicht genügen. Es muss sich dabei um eine möglichst breite Streuung handeln. Weitere Voraussetzungen für die Anwendung des Stichprobenverfahrens bestehen darin, dass die Werte der Einzelobjekte dicht beieinanderliegen müssen und dass das Verfahren dem Aussagewert eines durch eine vollständige körperliche Inventur ermittelten Wertes entsprechen muss.

- **Permanente Inventur (§ 241 Abs. 2 HGB)**

  Werden die Vermögensgegenstände nach Art, Menge und Wert fortlaufend nach den Grundsätzen ordnungsmäßiger Buchführung erfasst, kann auf eine körperliche Bestandsaufnahme zum Bilanzstichtag gänzlich verzichtet werden.

  Die körperliche Bestandsaufnahme muss dann allerdings zu einem beliebigen anderen Zeitpunkt innerhalb des Jahres vorgenommen werden.

Permanente Inventur

- **Zeitverschobene Inventur (§ 241 Abs. 3 HGB)**

  Sind für einen bestimmten Tag innerhalb von 3 Monaten vor dem Bilanzstichtag oder innerhalb von zwei Monaten nach dem Bilanzstichtag die Werte von Vermögensgegenständen durch eine körperliche Bestandsaufnahme oder auch durch eine permanente Inventur ermittelt und in einem gesonderten Verzeichnis festgehalten worden, dann braucht für diese Vermögensgegenstände eine körperliche Inventur zum Bilanzstichtag nicht mehr vorgenommen zu werden, wenn sichergestellt ist, dass durch eine ordnungsmäßige Fortschreibung bzw. Rückrechnung der Wert am Bilanzstichtag zuverlässig ermittelt werden kann.

Zeitverschobene Inventur

Zielsetzung der Inventur

Die vom Gesetzgeber geforderte Inventur ist wesentlicher Bestandteil einer ordnungsmäßigen Buchführung. Die Inventur dient in erster Linie dem Schutz der Gläubiger. Durch eine körperliche Bestandsaufnahme soll überprüft werden, ob die in der Buchführung ausgewiesenen Bestände (Soll-Bestände) mit den tatsächlichen Beständen übereinstimmen, die durch die Inventur ermittelt werden (Ist-Bestände). Treten Differenzen zwischen Soll- und Ist-Beständen auf, müssen die Ursachen aufgedeckt und entsprechende Korrekturen in der Buchführung vorgenommen werden, damit solche Differenzen nicht noch weitergeschleppt werden. Insofern übt die Inventur gegenüber der Buchführung eine Kontrollfunktion aus.

Inventur Zielsetzung

Vorbereitung der Inventur

Damit die Inventur reibungslos verläuft, ist eine langfristige Planung notwendig. Anhand einer Checkliste können die einzelnen Arbeitsschritte vorbereitet und durchgeführt werden.

Checkliste Inventur

1. Langfristige Planung und Vorbereitung

> Festlegung eines Inventurverantwortlichen (muss nicht der Geschäftsführer oder Inhaber der Firma sein).

> Inventurverantwortlicher beruft ein Inventurteam.

> Festlegung eines oder mehrerer Aufnahmetage in Abhängigkeit des Inventurstichtages und unter Beachtung der gesetzlichen Vorschriften für die Inventurvereinfachungsverfahren.

> Einteilung der Inventurbereiche.

> Festlegung der zeitlichen Abfolge der Aufnahme für die jeweiligen Vermögens- und Schuldenteile.

> Verständigung über den Einsatz der geeigneten Aufnahmelisten – entweder als Vordruck (kann mit geeigneter Software, z. B. Tabellenkalkulation, erstellt werden, Beispiel siehe Seite 172) oder als Ausdruck der im Betrieb für die Buchhaltung genutzten Software.

> Festlegung von Abgabeort und Abgabezeitpunkt der ausgefüllten Bestandslisten.

> Zuordnung der Mitglieder des Inventurteams zu den Inventurbereichen.

> Benennen eines oder mehrerer Kontrolleure für Stichproben bei den Aufnahmeergebnissen.

> Bildung von Aufnahmeteams für die jeweiligen Inventurbereiche (Aufnahmeteam besteht aus Ansager und Aufschreiber).

> Achtung: Die Aufnahme sollte abteilungs- oder bereichsfremd erfolgen.

> Ordnung und eindeutige Zuordnung der aufzunehmenden Vermögens- und Schuldenteile gewährleisten (Lager soll aufgeräumt sein).

2. Inventur- bzw. Aufnahmetag

> Ausgabe der erforderlichen Aufnahmelisten an die jeweiligen Aufnahmeteams.

> Verständigung zum vereinbarten Zeitplan bei der Bestandsaufnahme.

> Absprache zur genauen Aufnahme der Gegenstände (Lagerort, Artikel- oder Inventarnummer, Bezeichnung, Abpackung, Maße usw.; eventuell ein Muster erstellen und dem Aufnahmeteam zur Verfügung stellen) – wichtig, um Mehrfachaufwand oder Wiederholungen zu reduzieren, z. B. wenn Abpackungsangaben fehlen.

> Erfassung bzw. fristgerechte Abgabe der ausgefüllten Listen an einer zentralen, vorher festgelegten Stelle im Betrieb.

> Sortierung der Listen.

> Einsatz von Kontrolleuren für Stichproben, ob die Aufnahmedaten der Realität entsprechen.

> Vorbereitung für das Vornehmen von Bestandsabstimmungen zwischen Aufnahmedaten und Buchwerten.

3. Vorbereitung für Folgearbeitsschritte

> Ausgefüllte Listen sind eindeutig zu kennzeichnen und zuzuordnen, z. B. den Kostenstellen oder den Angaben aus den vorigen Inventaren.

> Zusammenfassung der ermittelten Daten.

> Erstellung einer Gesamtübersicht (meist mit einem PC).

> Abstimmung der Inventurergebnisse mit den Buchwerten.

> Klärung von Inventurdifferenzen.

> Erstellung eines Inventurberichts und Vorlage bei der Firmenleitung.

Inventurliste
Muster

Muster einer Inventurliste, erstellt mit einer Tabellenkalkulation

Inventur

Bestandsaufnahme am _____ Blatt-Nr. _____

Lagerstelle/Abteilung _____ Kostenstelle _____

Artikelgruppe _____ _____

Pos.	Gegenstand	Lager-Nr. Bestell-Nr.	Menge	Einheit (Stück, kg, t, m)	Inventurwert (€)		Be-merkungen
					einzeln	gesamt	
1							
2							
3							
4							
5							
6							
7							
8							
9							
10							
11							
12							
13							
14							
15							
16							
17							
18							
19							
20							
					Summe:		

Muster einer Inventurliste

Die Berechnung der Bestände kann beispielsweise wie folgt durchgeführt werden: Berechnung

Wert am Tag der Inventur
+ Wert der Zugänge zum Stichtag
- Wert der Abgänge zum Stichtag
= Wert am Abschlussstichtag (31.12.20..)

5.1.2   Inventar

Inventar

> Die mithilfe der Inventur ermittelten Bestände der einzelnen Vermögens-
> posten und Schulden werden in einem besonderen Bestandsverzeichnis (=
> Inventar) zusammengefasst.
> Das Inventar besteht aus drei Teilen:
> > A: Vermögen
> > B: Schulden
> > C: Eigenkapital = Reinvermögen

Das **Vermögen** gliedert sich in **Anlage-** und **Umlaufvermögen.**   Vermögen

Das **Anlagevermögen** bildet die Grundlage der Betriebsbereitschaft. Deshalb ge-   Anlagevermögen
hören dazu alle Vermögensposten, die dem Unternehmen langfristig dienen, wie
z. B.:

> Grundstücke und Geschäftsbauten,

> technische Anlagen und Maschinen,

> Fuhrpark,

> Betriebs- und Geschäftsausstattung.

Das **Umlaufvermögen** umfasst alle Vermögensposten, die sich kurzfristig in ihrer   Umlauf-
Höhe verändern, weil sie sich ständig im Umlauf befinden. Zum Umlaufvermögen   vermögen
gehören vor allem folgende Posten:

> Rohstoffe (in der JOMA KG sind dies Bekleidungsstoffe aller Art),

> Fremdbauteile, Vorprodukte (in der JOMA KG sind dies z. B. Reißverschlüsse),

> Hilfsstoffe (in der JOMA KG sind dies z. B. Nähgarne),

> Betriebsstoffe wie z. B. Schmieröle,

> unfertige Erzeugnisse, also Artikel, die sich noch in der Herstellung befinden,

> fertige Erzeugnisse, also Artikel, die zum Verkauf bereitliegen,

> Forderungen aus Lieferungen und Leistungen,

> Kassenbestand,

> Bankguthaben.

Vermögensposten werden im Inventar nach steigender Flüssigkeit (Liquidität) geordnet, also nach dem Grad, wie schnell sie in Geld umgesetzt werden können.

Verbindlich-
keiten

Die **Schulden (Verbindlichkeiten)** werden im Inventar nach ihrer Fälligkeit geordnet:

> Langfristige Verbindlichkeiten, wie z. B. Darlehensschulden.

> Kurzfristige Verbindlichkeiten, wie z. B. Verbindlichkeiten aus Lieferungen und Leistungen.

Eigenkapital

Das **Eigenkapital oder Reinvermögen** des Unternehmens ergibt sich, indem man die Summe der Schulden von der Summe des Vermögens abzieht.

Inventar
Muster

Muster eines Inventars

Inventar
der Firma JOMA KG
zum 31.12. 2015

A. Vermögen		
I. Anlagevermögen		
1. Gebäude incl. Werkstatt		185.000,00
2. Technische Anlagen und Maschinen		
Hydraulikbügelpresse	7.900,00 €	
Industrienämschine	12.000,00 €	
Zuschneidetisch	8.000,00 €	
Absauganlage	3.200,00 €	31.100,00
3. Fahrzeuge		
Transporter VW Caravelle	18.750,00 €	18.750,00
4. Betriebs- und Geschäftsausstattung		
Schreibtischkombination	600,00 €	
PC	1.100,00 €	
Drucker	130,00 €	1.830,00
II. Umlaufvermögen		
1. Vorräte		
Material A	1.075,00 €	
Material B	3.276,00 €	
Kleinmaterial	96,00 €	
Handelswaren A	144,00 €	
Handelswaren B	345,00 €	4.936,00
2. Forderungen aus Lieferungen und Leistungen		
Forderung Sialpin Oberhofer	5.880,00 €	
Forderung M. Leitmann	320,00 €	6.200,00
3. Bankguthaben		
Bankkonto Sparkasse	28.563,24 €	
Bankkonto Postbank	4.782,29 €	33.345,53
4. Kassenbestand		1.250,00
Summe des Vermögens		282.411,53
B. Schulden		
I. LangfristigeSchulden		
Darlehen Sparkasse		200.000,00
II. Kurzfrisitige Schulden		
Liefererschulden Meyer OHG	13.545,23	
Liefererschulden Müller GmbH	2.685,67	16.230,90
Summe der Schulden		216.230,90
C. Reinvermögen		
Summe des Vermögens		282.411,53
- Summe der Schulden		216.230,90
= Reinvermögen		66.180,63

Ort, Datum und Unterschrift des Unternehmers

Muster eines Inventars (Beispiel JOMA KG)

Inventare sind 10 Jahre geordnet aufzubewahren. Die Aufbewahrung kann auf einem Bildträger oder auf anderen Datenträgern wie z. B. einer CD-ROM, DVD u. a. erfolgen, wenn sichergestellt ist, dass die Wiedergabe oder deren Dateien jederzeit lesbar gemacht werden kann (§ 257 HGB).

5.1.3   Bilanz   Bilanz

> Das Inventar ist eine ausführliche Aufstellung der einzelnen Vermögensgegenstände und Schulden nach Art, Menge und Wert. Das Inventar kann viele Seiten umfassen. Dadurch verliert es erheblich an Übersichtlichkeit.
> Deshalb erfordert § 242 HGB außer der regelmäßigen Aufstellung des Inventars auch eine kurz gefasste Übersicht, die es ermöglicht, mit einem Blick das Verhältnis zwischen Vermögen und Schulden des Unternehmens zu überschauen. Diese Übersicht ist eine **Bilanz**. Aus der Bilanz wird ersichtlich, woher das Kapital stammt (Mittelherkunft) und wie es im Einzelnen angelegt und investiert worden ist (Mittelverwendung).

Muster einer Bilanz

Bilanz

der Firma JOMA KG
zum 31.12.2015

Aktiva		I. Eigenkapital	Passiva 66.180,63 €
I. Anlagevermögen		II. Fremdkapital	
1. Gebäude	185.000,00 €		
2. Maschinen	31.100,00 €	1. Darlehen	200.000,00 €
3. Fahrzeuge	18.750,00 €	2. Verbindlichkeiten	
		aus Lieferungen und	
4. Betriebs- und Geschäftsausstattung	1.830,00 €	Leistungen	16.230,90 €
II. Umlaufvermögen			
1. Vorräte	4.936,00 €		
2. Forderungen aus	6.200,00 €		
Lieferungen und Leistungen			
3. Bankguthaben	33.345,53 €		
4. Kasse	1.250,00 €		
	282.411,53 €		282.411,53 €

Augsburg 30.01.2016   *J. Maurer*

Muster einer Bilanz (Beispiel JOMA KG)

Die Bilanz ist eine Gegenüberstellung von Vermögensformen und Vermögensquellen, Mittelverwendung und Mittelherkunft, Investierung und Finanzierung. Die Bilanzstruktur zeigt damit deutlich den Vermögens- und Kapitalaufbau. Bilanzen sind 10 Jahre lang im Original aufzubewahren.

5.2 Ansatz- und Bewertungsgrundsätze

Ansatz- und Bewertungs- grundsätze

> Bewertung bedeutet Bestimmung des Wertansatzes für die einzelnen Vermögensteile und Schulden in der Jahresabschlussbilanz. Die Bewertung kann sich in entscheidendem Maße auf die Höhe des ausgewiesenen Jahresgewinns bzw. Jahresverlustes auswirken.

Zielsetzung
Es gibt handels- und steuerrechtliche Bewertungsvorschriften mit unterschiedlichen Zielsetzungen:

Handelsrecht

Die **handelsrechtlichen Bewertungsvorschriften** der §§ 252 - 256 HGB dienen der Kapitalerhaltung und dem Schutz der Gläubiger. Vermögen, Schulden und Erfolg des Unternehmens werden gemäß dem Prinzip der Vorsicht bewertet.

Steuerrecht

Die **steuerrechtlichen Bewertungsvorschriften** der §§ 5 - 7 EStG sollen die Ermittlung des Gewinns nach einheitlichen Grundsätzen sicherstellen und damit eine gerechte Besteuerung ermöglichen.

Maßgeblichkeit

Grundsatz der Maßgeblichkeit
Sofern die steuerlichen Vorschriften keine andere Bewertung zwingend vorschreiben, gilt der Grundsatz der Maßgeblichkeit der Handelsbilanz für die Steuerbilanz.

Bewertungs- grundsätze HGB

Bewertungsgrundsätze des HGB
Die Allgemeinen Bewertungsgrundsätze sind in § 252 Abs. 1 HGB geregelt:

> **Grundsatz der Bilanzidentität:** Der Grundsatz der Bilanzidentität verlangt, dass alle Positionen der Schlussbilanz eines Geschäftsjahres wertmäßig mit den Positionen der Eröffnungsbilanz des folgenden Geschäftsjahres übereinstimmen.

> **Grundsatz der Unternehmensfortführung:** Die einzelnen Vermögensgegenstände dürfen nicht mit ihren Liquidationswerten (Einzelveräußerungspreis im Falle einer Auflösung des Unternehmens) in die Jahresbilanz eingesetzt werden, sondern zu dem Wert, der sich aus der angenommenen Unternehmensfortführung ergibt.

> **Grundsatz der Einzelbewertung:** Grundsätzlich sind alle Vermögensgegenstände und Schulden einzeln zu bewerten. Zur Bewertung des Umlaufvermögens sind aus Gründen der Wirtschaftlichkeit in bestimmten Fällen Bewertungsvereinfachungsverfahren zugelassen.

> **Grundsatz der Stichtagsbezogenheit:** Die Bewertung der einzelnen Vermögensgegenstände und Schulden hat sich nach den Verhältnissen am Abschlussstichtag zu richten. Alle Sachverhalte, die am Bilanzstichtag (z. B. 31. Dezember) objektiv bestanden, sind zu berücksichtigen, auch wenn sie erst später, jedoch noch vor der Bilanzaufstellung (z. B. 28. Januar des Folgejahres) bekannt werden.

> **Grundsatz der Vorsicht:** Der Kaufmann muss vorsichtig bewerten, indem er alle vorhersehbaren Risiken und Verluste, die bis zum Abschlussstichtag entstanden sind oder drohen, berücksichtigt. Das bedeutet, dass er die Vermögensgegen-

stände eher zu niedrig als zu hoch (Niederstwertprinzip) und die Schulden eher zu hoch als zu niedrig (Höchstwertprinzip) ansetzt. Gewinne dürfen nur dann ausgewiesen werden, wenn sie realisiert sind (Realisationsprinzip).

> **Grundsatz der Periodenabgrenzung:** Nach diesem Grundsatz sind Aufwendungen und Erträge dem Geschäftsjahr zuzuweisen, in dem sie wirtschaftlich verursacht wurden, ohne Rücksicht auf den Zeitpunkt der Ausgabe und Einnahme. Die zeitliche Abgrenzung der Aufwendungen und Erträge, in Form der aktiven und passiven Rechnungsabgrenzung, sowie der sonstigen Forderungen und sonstigen Verbindlichkeiten und Rückstellungen, soll eine periodengerechte Erfolgsermittlung ermöglichen.

> **Grundsatz der Bewertungsstetigkeit:** Dieser Grundsatz besagt, dass die einmal gewählten Bewertungs- und Abschreibungsmethoden grundsätzlich beizubehalten sind, damit die Vergleichbarkeit der Jahresabschlüsse sichergestellt ist. Zu berücksichtigen ist auch die formale Bilanzkontinuität, also eine einheitliche Bezeichnung und Gliederung der Posten des Jahresabschlusses in der Bilanz und GuV-Rechnung.

Auswirkungen von Bewertungen

Auswirkung von Bewertungen

Vereinfachte Bilanzstruktur

Aktiva	Bilanz	Passiva
A. Anlagevermögen		A. Eigenkapital
B. Umlaufvermögen		C. Verbindlichkeiten

Einfache Bilanzstruktur

Bilanzgleichung: Vermögen = Eigenkapital und Verbindlichkeiten.
Erfolgsermittlung: Erfolg = Eigenkapital zum Jahresende - Eigenkapital zum Jahresbeginn.

Höherbewertung von Vermögen: Höheres Vermögen, bei gleichbleibenden Verbindlichkeiten, führt zu höherem Eigenkapital zum Jahresende und dadurch zu höherem Erfolg.

Höherbewertung von Verbindlichkeiten: Höhere Verbindlichkeiten, bei gleichbleibendem Vermögen, führt zu niedrigerem Eigenkapital zum Jahresende und dadurch zu niedrigerem Erfolg.

Bewertung der Forderungen

Forderungen

Forderungen sind hinsichtlich ihrer Einbringbarkeit/Bonität zu überprüfen und einer der folgenden drei Gruppen zuzuordnen:

1. Einwandfreie Forderungen: Einwandfreie Forderungen sind am sichersten. Mit ihrem Zahlungseingang kann in voller Höhe gerechnet werden. Sie sind mit ihrem Nennbetrag anzusetzen.

2. Zweifelhafte (dubiose) Forderungen: Zweifelhafte (dubiose) Forderungen, bei denen ein voller oder teilweiser Ausfall zu erwarten ist, werden mit ihrem wahrscheinlichen Wert bilanziert.

3. Uneinbringliche Forderungen: Uneinbringliche Forderungen bestehen, wenn der Forderungsausfall endgültig feststeht. Der Forderungsausfall ist dann über das Aufwandskonto „6930 Forderungsverluste" abzuschreiben. Die Umsatzsteuer wird vom Finanzamt erstattet, wenn der Ausfall der Forderung endgültig feststeht.

Vorbereitende Buchungssätze zum 31.12.2015:

> Eine einwandfreie Forderung wird zweifelhaft:

1240 Zweifelhafte For-derungen	Betrag	an	1200 Forderungen	Betrag

> Eine zweifelhafte Forderung wird uneinbringlich:

6936 Forderungsver-luste	Betrag	an	Debitorenkonto	Betrag
3806 Umsatzsteuer 19 %	Betrag			

Rechnungsab-grenzungen

Aktive und passive Rechnungsabgrenzung
Aufwendungen und Erträge sind immer genau für ein Geschäftsjahr zu ermitteln. Auf den Konten „Sonstige Verbindlichkeiten" und „Sonstige Forderungen" bucht man Aufwendungen und Erträge des alten Geschäftsjahres, die erst im neuen Jahr zu Ausgaben und Einnahmen werden. Werden dagegen bereits Zahlungen im alten Jahr für Aufwendungen und Erträge des neuen Jahres beglichen, sind die Aufwands- und Ertragskonten zum Jahresabschluss mithilfe der Konten „Aktive Rechnungsabgrenzung" und „Passive Rechnungsabgrenzung" zu berichtigen.
Die zeitliche Abgrenzung der Aufwendungen und Erträge bezweckt eine periodengerechte Ermittlung des Jahreserfolgs. Es werden vier Fälle unterschieden:

Buchung im ...	... alten Geschäftsjahr	... neuen Geschäftsjahr
Passive Rechnungsabgren-zung	Einnahme	Ertrag
Sonstige Forderungen	Ertrag	Einnahme
Aktive Rechnungsabgren-zung	Ausgabe	Aufwand
Sonstige Verbindlichkeiten	Aufwand	Ausgabe

Auswirkungen von Rechnungsabgrenzungen

Bilanzaus-
wirkung
Rechnungsab-
grenzung

Vereinfachte Bilanzstruktur

Aktiva	Bilanz	Passiva
A. Anlagevermögen		A. Eigenkapital
B. Umlaufvermögen		C. Verbindlichkeiten
Sonstige Vermögens-stände		Sonstige Verbindlich-keiten
C. Aktive Rechnungsab-grenzungsposten		D. Passive Rechnungsab-grenzungsposten

Einfache Bilanzstruktur mit Rechnungsabgrenzung

Vorbereitende Buchungssätze zum 31.12.2015:

> Zahlung eines Aufwands im Voraus:

1900 Aktive Rech-nungsabgren-zung	Betrag	an	Aufwandskonto	Betrag

> Zahlungseingang eines Ertrags im Voraus:

Ertragskonto	Betrag	an	3900 Passive Rech-nungsabgren-zung	Betrag

> Zahlung im neuen Jahr für einen Aufwand des alten Jahres:

Aufwandskonto	Betrag	an	1300 Sonstige Forderungen	Betrag

> Zahlungseingang im neuen Jahr für einen Ertrag des alten Jahres:

3500 Sonstige Ver-bindlichkeiten	Betrag	an	Ertragskonto	Betrag

Rückstellungen

Rückstellungen

Aus Gründen einer periodengerechten Erfolgsermittlung sind zum Bilanzstichtag auch solche Aufwendungen zu erfassen, die zwar ihrem Grunde nach, nicht aber ihrer Höhe nach und/oder ihrer Fälligkeit nach bekannt sind, jedoch wirtschaftlich dem Abschlussjahr zugeordnet werden müssen. Für diese Aufwendungen sind die Beträge zu schätzen, eventuell sind Kostenvoranschläge heranzuziehen und als Rückstellung in Höhe des Erfüllungsbetrags zu passivieren. Diese Rückstellungen stehen folglich auf der Passivseite der Bilanz. Da die Höhe der endgültigen Summe dieser Verbindlichkeit ungewiss ist und auch die Fälligkeit noch nicht feststeht, zählen sie nicht zu den sonstigen Verbindlichkeiten. Nach § 249 abs. HGB müssen Rückstellungen gebildet werden für:

> ungewisse Verbindlichkeiten, z. B. aus erwarteten Steuernachzahlungen für Betriebssteuern, Provisionsverbindlichkeiten, Inanspruchnahme aus Bürgschaften u. a.

> drohende Verluste aus schwebenden Geschäften, z. B. erheblicher Preisrückgang bereits gekaufter, jedoch noch nicht gelieferter Rohstoffe.

> unterlassene Instandhaltungsaufwendungen, die im folgenden Geschäftsjahr innerhalb drei Monaten nachgeholt werden.

> Abraumbeseitigung, die im folgenden Geschäftsjahr nachgeholt wird.

> Gewährleistungen ohne rechtliche Verpflichtung (Kulanzgewährleistungen).

Da Rückstellungen Schulden sind, zählen sie in der Bilanz auch zum Fremdkapital. Rückstellungen sind nach § 266 HGB in der Bilanz auszuweisen.

Bilanzauswirkungen Rückstellungen

Auswirkungen von Rückstellungen

Vereinfachte Bilanzstruktur

Aktiva	Bilanz	Passiva
A. Anlagevermögen		A. Eigenkapital
		B. Rückstellungen
B. Umlaufvermögen		C. Verbindlichkeiten
Sonstige Vermögensstände		Sonstige Verbindlichkeiten
C. Aktive Rechnungsabgrenzungsposten		D. Passive Rechnungsabgrenzungsposten

Einfache Bilanzstruktur mit Rückstellungen

Vorbereitende Buchungssätze zum 31.12.2015:

Bildung einer Rückstellung, die genaue Höhe der Verbindlichkeit und das Fälligkeitsdatum zum Stichtag steht noch nicht fest:

Aufwandskonto	Betrag	an	Rückstellungskonto	Betrag

5.3 Anlagenbuchhaltung

> Die Anlagenbuchhaltung nimmt bei einer Neuanschaffung oder -herstel-
> lung die entsprechende Anlage in die sog. Anlagekartei des Unternehmens
> auf.
> Jede Anlage, ob ein Pkw, eine Maschine oder einfach nur Betriebsausstat-
> tung, erhält dort ein eigenes Konto und wird für den Zeitraum ihrer betrieb-
> lichen Nutzung unter Berücksichtigung von Wertminderungen (Absetzun-
> gen für Abnutzung, Sonderabschreibungen) mit dem aktuellen Wert
> (Zeitwert) aufgeführt.

Das gilt auch, wenn eine Anlage bereits vollständig abgeschrieben ist. Man kann
die Anlage dann, solange sie noch benutzt wird, mit einem Erinnerungswert wei-
terführen. Erst beim Ausscheiden aus dem Betriebsvermögen durch Ereignisse wie
Verkauf oder Verschrottung wird ein Anlagegut aus dem Anlagespiegel des Unternehmens entfernt.

Die Anlagenbuchhaltung ist Teil des externen Rechnungswesens und weist Vermö-
genswerte gegenüber externen Stellen, wie dem Finanzamt, aus.
Die Anlagenbuchhaltung liefert die Grundlage für betriebliche Entscheidungen
bezüglich des Anlagevermögens, z. B. Neuanschaffungen.
Nachfolgende Aufstellung zeigt, welche Zahlen in der Anlagebuchhaltung ermittelt werden:

> Der gesamte Bestand des Anlagevermögens und dessen Veränderungen.

> Der Wert des Anlagevermögens am Bilanzstichtag.

> Die Abschreibungen für steuerliche Zwecke, aber auch kalkulatorische Abschrei-
  bungen können angezeigt werden.

> Pläne für Investition und Abschreibung

> Gegenüberstellung von Reparatur- und Wiederbeschaffungskosten (Wirtschaft-
  lichkeitsanalyse).

Entscheidungsgrundlage für Neuanschaffungen oder Wartungsmaßnahmen

Nur mit einer gut geführten Anlagenbuchhaltung kann die Unternehmensführung die betriebswirtschaftlich optimalen Entscheidungen in Hinsicht auf neue
oder bereits bestehende Anlagen treffen. Der richtige Zeitpunkt für die Neuan-
schaffung oder einen Austausch einer Anlage ist z. B. sehr wichtig, wenn nicht un-
nötig Kapital gebunden werden soll.

Dies gilt auch für die Planung der Wartungs- und Instandhaltungsarbeiten an den
Anlagegegenständen oder die Entscheidung für eine von mehreren möglichen Al-
ternativen beim Kauf einer neuen Anlage. Wichtige Entscheidungshilfen liefern
dabei folgende Zahlen:

> **Wertrechnung:** Sie erfasst alle Kosten, die eine Anlage während des gesamten
  Nutzungszeitraums wahrscheinlich verursachen wird. Das fängt bei Planungs-
  kosten an, beinhaltet die Anschaffungskosten, gegebenenfalls Modernisie-
  rungskosten und endet mit den Entsorgungskosten.

> **Mengen- und Zeitrechnung:** Sie schätzt die Leistung ab, die von dem Anlagegegenstand innerhalb eines bestimmten Zeitraums voraussichtlich abgerufen werden wird.

Anschaffung von Anlagegegen- ständen

Anschaffung von Anlagegegenständen

Gegenstände des Anlagevermögens sind zum Zeitpunkt des Erwerbs mit ihren Anschaffungskosten auf dem entsprechenden Anlagekonto zu aktivieren. Nach § 255 Abs. 1 HGB setzen sich diese zusammen aus:

Anschaffungspreis
+ Anschaffungsnebenkosten
- Anschaffungskostenminderungen
= Anschaffungskosten

> Als Anschaffungspreis wird der Nettowert des Anlagegutes angesetzt.

> Anschaffungsnebenkosten sind alle Ausgaben, die neben dem Kaufpreis des Anlagegutes sofort oder nachträglich anfallen, um das Anlagegut zu erwerben, bis dieses betriebsbereit ist.

> Anschaffungsminderungskosten können Preisnachlässe aufgrund eines Sofortrabattes, aber auch eines nachträglich gewährten Rabattes sein. Auch die Bezahlung durch die in Inanspruchnahme von Skonto mindert die Anschaffungskosten.

Beispiel:

Folgende Angaben einer Eingangsrechnung liegen vor:

Kauf eines Farbkopierers am 30.01.2016. Lieferant 70140 Friedrich Maier e. K.	
Anschaffungspreis netto	4.890,- €
+ Anschaffungsnebenkosten Fracht	38,60 €
+ Anschaffungsnebenkosten	80,90 €
= Nettowarenwert	5.009,50 €
+ 19 % MwSt.	951,81 €
= Rechnungsbetrag	5.961,31 €
- 2 % Skonto	119,23 €
= Zahlbetrag	5.842,08 €

Buchungssatz: Eingangsrechnung des Kopierers

0650 Büroeinrichtung	5.009,50 €	an	70140 Friedrich Maier e. K.	5.961,31 €
1406 Vorsteuer 19 %	951,81 €			

Buchungssatz: Bezahlung der Rechnung per Postbanküberweisung abzüglich 2 % Skonto.

70140 Friedrich Maier e. K.	5.961,31 €	an	1701	5.842,08 €
			0650 Büroeinrichtung	100,19 €
			1406 Vorsteuer	19,04 €

Anschaffungswert	5.009,50 €
- Nettoskonto	100,19 €
Anschaffungskosten	4.909,31 €

Abschreibungen erfassen Wertminderungen der Sachanlagen, die durch Nutzung, technischen Fortschritt, wirtschaftliche Überholung und außergewöhnliche Ereignisse verursacht werden.

Abschreibungen sind Aufwendungen, die den zu versteuernden Gewinn mindern.

Abnutzbare Sachanlagen werden planmäßig nach ihrer Nutzungsdauer abgeschrieben.

Die Anlagekartei bildet den Plan und weist alle wichtigen Daten des abnutzbaren Anlagegegenstandes aus, also Anschaffungskosten, Zeitpunkt der Anschaffung, Nutzungsdauer, Abschreibungsmethode, AfA-Satz in % und den Buchwert.

Abschreibungen

Anlagekartei Muster

Anlagekartei zum 31.12.2016

Inventar-Nr. 0690001		Farbkopierer Minova		Anschaff.-Datum 30.01.2016		Anschaffungskosten 4.909,31 EUR
Konto-Nr. 650	Kostenstelle	Standort Verwaltung	Nutzungsdauer 7	Prozentsatz AfA 14,29		AfA-Art linear

Datum	Vorgang	Buchungstext	AHK EUR	Normal-AfA EUR	Sonder-AfA EUR	Buchwert EUR
30.01.16	Zugang	Farbkopierer Minova	4.909,31			4.909,31
31.12.16	Normal-AfA	Linear ND 7		701,33		-701,33
31.12.16	Summe		4.909,31	701,33		4.207,98

Datum	Hist. AHK EUR	Zugang EUR	Abgang EUR	Umbuchung EUR	AfA im WJ EUR	Buchwert EUR
2016		4.909,31			701,33	4.207,98
2017	4.909,31				701,33	3.506,65
2018	4.909,31				701,33	2.805,32
2019	4.909,31				701,33	2.103,99
2020	4.909,31				701,33	1.402,66
2021	4.909,31				701,33	701,33
2022	4.909,31				700,33	1,00

Anlagekartei für den Farbkopierer aus dem Beispiel

Buchungssatz: Abschreibung zum 31.12.2016:

6220 Abschreibungen auf Sachanlagen	701,33 €	an	0650 Büroeinrichtung	701,33 €

Methoden der planmäßigen Abschreibung

Lineare
Abschreibung

> **Lineare (gleich bleibende) Abschreibung**
> Die Abschreibung erfolgt stets vom gleich bleibenden Prozentsatz von den An-schaffungskosten des Anlagegegenstandes. Die Anschaffungskosten werden so-mit planmäßig in gleichen Beträgen auf die Nutzungsdauer verteilt. Deshalb ist das Anlagegut bei linearer Abschreibung am Ende der Nutzungsdauer voll abge-schrieben. Amtliche AfA-Tabellen geben Auskunft über die Nutzungsdauer.

Degressive
Abschreibung

> **Degressive Abschreibung (Buchwert-AfA)**
> Im Gegensatz zur linearen Abschreibung wird bei der degressiven Abschreibung nur im ersten Jahr der Abschreibungsbetrag auf Basis der Anschaffungskosten errechnet. In den darauffolgenden Jahren wird der Abschreibungsbetrag aus dem Restbuchwert des Anlagegutes errechnet, sodass die Abschreibungsbeträ-ge von Jahr zu Jahr kleiner werden. Bei der degressiven Abschreibung bleibt zum Nutzungsende ein Restbuchwert stehen.
> Die degressive Abschreibung hat gegenüber der linearen Abschreibung den Vor-teil, dass die Abschreibungsbeträge in den ersten Nutzungsjahren sehr viel hö-her sind. Sie bietet sich somit vor allem für Anlagegüter an, in denen durch wirt-schaftliche und technische Entwicklungen in den ersten Jahren mit hohen Wertminderungen zu rechnen ist.
> **Info:** Für Anschaffungen ab dem 01.01.2010 darf die degressive Abschreibung nicht mehr angewendet werden. Entschieden wurde dies im Rahmen der Unter-nehmenssteuerreform 2008.

Abschreibung
nach Leistungs-
einheiten

> **Abschreibung nach Leistungseinheiten (Leistungs-AfA)**
> Die Abschreibung kann bei Anlagegegenständen nach Maßgeblichkeit der Inan-spruchnahme oder Leistung vorgenommen werden, z. B. bei einem Pkw über die Kilometer, bei Maschinen über die Stunden u. a.

Geringwertige Wirtschaftsgüter

> Wirtschaftsgüter des Anlagevermögens, die selbstständig nutzbar, bewertbar sowie beweglich und abnutzbar sind, werden steuerlich als geringwertige Wirtschaftsgüter (GWG) bezeichnet, wenn ihre Anschaffungskosten bestimmte Nettowerte nicht übersteigen.

Geringwertige Wirtschaftsgüter

Es stehen zwei Möglichkeiten zur Wahl:

1. GWG, deren Anschaffungswert 410,- € netto nicht überschreiten, können im Jahr der Anschaffung in voller Höhe als Betriebsausgaben abgesetzt werden. Sie werden in der Regel vorab auf dem Konto „0670 Geringwertige Wirtschaftsgüter" aktiviert.

2. GWG im Nettowert von über 150,- € bis 1.000,- € dürfen in einem jährlichen Sammelposten (Pool) auf dem Konto „0675 GWG-Sammelposten" erfasst werden. Der Sammelposten ist im Wirtschaftsjahr und den folgenden vier Jahren mit jeweils einem Fünftel gewinnmindernd aufzulösen. Für jedes Geschäftsjahr ist ein eigenes Sammelkonto zu bilden. Für das Jahr 2016 z. B. „0675 GWG-Sammelposten" und für das Jahr 2017 „0676 GWG-Sammelposten" usw. Jedes eigene Konto darf nur die Zugänge für das bestimmte Jahr erfassen und durch die jährlichen Abschreibungsbeträge verändert werden.

Der Unternehmer hat hierfür ein Wahlrecht.

Wiederholungsfragen

1. In welchen Gesetzten ist die Inventur geregelt?

    >> Seite 167

2. Welche Inventurarten gibt es? Erläutern Sie diese!

    >> Seiten 167 bis 169

3. Sie planen die Durchführung der Inventur. Wie gehen Sie vor?

    >> Seiten 170 bis 171

4. Wie berechnet man die Bestände einer Inventur?

    >> Seite 173

5. Wie ist das Inventar aufgebaut?

    >> Seite 173

6. Was versteht man unter einer Bilanz?

    >> Seite 175

7. Wie lange müssen Sie die Bilanzen aufbewahren?

    >> Seite 175

8. Darf die Bilanz nur digitalisiert aufbewahrt werden?

    >> Seite 175

9. Nennen Sie die Zielsetzung von handelsrechtlichen Bewertungsvorschriften!

    >> Seite 176

10. Was versteht man unter dem Grundsatz der Maßgeblichkeit?

    >> Seite 176

11. Erklären Sie die Auswirkung von Bewertungen auf die Bilanz!

    >> Seiten 177 bis 178

12. Wie lautet der Buchungssatz, wenn eine Forderung zweifelhaft wird?

    >> Seite 178

13. Was versteht man unter aktiver und passiver Rechnungsabgrenzung?

    >> Seite 178

14. Warum werden Rückstellungen gebildet?

    >> Seite 180

15. Welche Zahlen werden in der Anlagenbuchhaltung ermittelt?

    >> Seite 181

16. Wie berechnet man die Anschaffungskosten?

    >> Seite 182

17. Nennen Sie acht Angaben, die eine Anlagenkarte beinhalten muss!

    >> Seite 183

18. Welche Abschreibungsmethoden kennen Sie?

    >> Seite 184

19. Erklären Sie die Möglichkeiten, geringwertige Wirtschaftsgüter zu buchen!

    >> Seite 185

Stichwortverzeichnis